PRINCIPES DE LA SCIENCE MORALE ET POLITIQUE;

OU RÉSUMÉ DES LEÇONS DONNÉES AU COLLÉGE D'ÉDIMBOURG;

PAR ADAM FERGUSON,
PROFESSEUR DE PHILOSOPHIE MORALE.

TRADUIT DE L'ANGLAIS PAR A. D.

Huc enim pertinet, animal hoc providum, sagax, multiplex, acutum, memor, plenum rationis et consilii, quem vocamus hominem, præclara quadam conditione generatum esse a summo Deo.

A PARIS,
Chez KLEFFER, Libraire, Éditeur des Orateurs français, rue d'Enfer-Saint-Michel, n° 2;
MOREAU, Imprimeur-Libraire, rue Coquillière, n° 27;
ET CHEZ LES PRINCIPAUX LIBRAIRES DU PALAIS-ROYAL.
1821.

TABLE DES MATIÈRES

CONTENUES

DANS CETTE PREMIÈRE PARTIE.

FIN DE LA TABLE.

PRÉFACE.

Appelé, en 1764, à remplir la chaire de philosophie morale au collége d'Edimbourg, l'auteur de cet ouvrage y professa pendant vingt ans. Il ne voulut pas anticiper sur les travaux de son avenir, en donnant à ses élèves une suite de conférences à leur portée; il pensa qu'ils retireraient plus de fruit d'une discussion approfondie, que de la simple lecture d'une froide leçon. Travaillant à son sujet sans relâche, il essaya de marquer tous les pas successifs qu'il devait faire dans la science, et de courtes notes furent ses seuls guides pendant ses cours.

Ces notes, sans cesse retouchées, prirent bientôt une forme fixe, et il les fit imprimer sous le titre d'*Institutes de philosophie morale*. Il reconnut cependant que sa marche, quoique fixe, était sujette à quelques variations; mais il ne voulut point ôter ce qui donnait à son ouvrage un coloris nouveau et original.

Quand le mauvais état de sa santé lui fit quitter sa chaire, ce fut un grand bonheur pour lui de voir qu'on pouvait encore employer le déclin de la vie, non à créer des systèmes nouveaux, mais à se rappeler ses travaux passés, et à compléter les titres généraux, examinés et discutés dans la force de la jeunesse.

Il n'avait travaillé d'abord que pour ses auditeurs; il voulut ensuite livrer à l'Europe le fruit de ses longues veilles, et, s'armant d'un courage dont ses cheveux blancs pouvaient le dispenser, Ferguson retrancha les titres élémentaires, nécessaires à la jeunesse studieuse, inutiles à l'homme un peu exercé dans les matières philosophiques, et refondit entièrement l'histoire des espèces.

On demandera peut-être à l'auteur pourquoi il borne ses argumens à la religion naturelle et à la raison. Comme ce sont les deux bases de toutes les religions, il a cru devoir s'en occuper. Les institutions peuvent s'améliorer, mais ne peuvent renverser ce que le Tout-Puissant a révélé dans ses ouvrages, et surtout dans la raison de l'homme.

> Dixitque semel nascentibus auctor
> Quidquid scire licet.

Et ce que l'Auteur des êtres nous a enseigné, devient comme la pierre de touche des institutions subséquentes, qui s'offrent comme venant de lui.

Quelques critiques ont avancé que, pendant un si grand nombre d'années passées à la poursuite du même objet, on aurait pu mieux faire. On doit regretter alors qu'ils n'aient rien entrepris eux-mêmes. Dans un champ aussi vaste, il y a place pour tous ceux qui veulent y entrer; et bien que le sujet soit connu, il est toujours intéressant. Il en est de même de la vie privée, de l'histoire des nations et des siècles, et des travaux de ces écrivains fidèles qui nous transmettent leurs impressions.

Ferguson fut sans doute précédé par des hommes d'une grande habileté ; mais il y a du courage à marcher sur leurs traces, à glaner dans ce champ inépuisable de réflexions, où le genre humain travaille depuis le commencement des siècles, et dans lequel la fin des temps le trouvera encore occupé.

INTRODUCTION.

La plupart des objets de la nature peuvent être considérés sous deux aspects, sous celui de leur état actuel, et sous celui de l'excellence et de l'imperfection dont ils sont susceptibles.

Dans le premier cas, ils sont simplement soumis à la description; dans le second, ils deviennent objets de louange, de critique, d'estime ou de mépris.

Par rapport aux travaux importans qui ont été faits, la nature humaine est un sujet d'histoire et une science physique; considérée sous le point de vue de la mesure du bien et du mal dont l'homme est capable, elle devient un sujet d'instruction et de science morale.

En considérant l'homme comme sujet d'histoire, nous réunissons les faits, et nous essayons de concevoir sa nature telle qu'elle est actuellement, ou telle qu'elle a été, à part les notions que nous pouvons avoir d'une perfection idéale, ou d'un état imparfait.

En le considérant comme sujet de science morale, nous nous efforçons de comprendre ce qu'il doit être, sans être limités dans nos conceptions par les divers degrés de vertus et de vices que nous présentent un individu ou une société.

Avoir un but et un dessein, employer les moyens propres à atteindre l'un et à faire réussir l'autre, telle est la condition distinctive de l'esprit, ou de l'être intelligent. Le but suppose volonté et choix; le dessein emporte avec soi énergie et pouvoir; et l'homme veut être également instruit de leurs bases, afin de connaître la sphère où il doit agir, et s'acquitter dignement du rôle qu'il y doit jouer.

Le pouvoir des animaux consiste dans la force de leurs muscles, et de ce côté, l'homme leur est presque toujours inférieur. Son empire sur la nature vient d'une autre source; c'est-à-dire de son adresse, de la supériorité d'un esprit tout puissant, et de sa sagesse.

Le talent du cultivateur est dans la connaissance qu'il a des terres et des engrais; l'économie animale, la diète, les alimens, constituent la science de la médecine; le pouvoir du mécanicien est tout entier dans la connaissance qu'il doit avoir des lois du mouvement qu'il veut appliquer à ses machines; et on peut assurer qu'en général l'extension de la science est pour l'homme un accroissement de force.

Quand les objets sont à notre portée, et que nous sommes maîtres d'en disposer, la connaissance des lois de la nature, ou des règles suivant lesquelles elle procède à la formation de ces mêmes objets, donnera à l'observateur les moyens de voir répéter pour lui les opérations de la nature.

A l'aide d'un dissolvant, le chimiste peut dompter la substance la plus rebelle, et la réduire à l'état de fusion ; c'est ainsi qu'Archimède, instruit de la force du levier, enlevait, dit-on, les vaisseaux avec leurs équipages, et les tenait suspendus en l'air.

Il y a pour l'homme un sujet d'étude et une matière de science d'un intérêt plus immédiat que le sol qui produit ses alimens, ou les résistances mécaniques qu'il cherche à vaincre. Son esprit est une partie plus importante et plus entièrement soumise à sa volonté.

Addisson nous dit que dans chaque bloc de marbre se trouve une statue parfaite, pourvu que l'artiste ait assez de talent pour enlever la matière inutile. Ceci s'applique encore mieux à l'esprit, que trouveront, sous une forme divine de volonté et d'entendement, ceux qui auront le courage d'écarter la matière trompeuse qui le dérobe à leurs yeux. Ici la science fait la force, car celui qui réussit dans l'étude de sa propre nature, peut jeter dans l'exercice de sa volonté les bases d'un choix heureux, et poser les fondemens du pouvoir, en appliquant à sa conduite les lois de sa nature.

Comme ce sujet est toujours présent, c'est peut-être ce qui fait qu'il est négligé ou mal compris.

L'esprit est marqué d'un caractère particulier; mais, vu le peu d'usage que nous en faisons, nous pouvons le comparer à l'œil, qui voit tout, excepté soi. Chez la plupart des hommes, l'intelligence ne paraît que comme un principe de vie, ou une espèce d'organe employé à la perception des choses extérieures, mais incapable de devenir un sujet d'étude et de réflexion. C'est par l'habitude de ne faire attention qu'à ce qui vient par les sens, que le vulgaire perd ou détruit la force de réflexion; des savans, transportés par le désir de connaître les lois de la nature, s'ignorent eux-mêmes, et plus ils s'attachent à leurs recherches, plus ils négligent leur propre étude; de sorte que, dans un temps où on avait de grandes prétentions à la science, le premier devoir de morale pratiqué par Socrate fut de rappeler sur la terre l'attention que les hommes consacraient au ciel, et de l'arracher à la poursuite des choses éloignées pour la fixer sur les intérêts présents et immédiats de la vie humaine.

Le seul moyen à prendre pour nous instruire, est d'observer les faits dont nous avons la conscience; car tous ceux qui pourraient nous apprendre quelque chose de nouveau ou qui ne serait pas dans l'esprit, se méprendraient sur le but, et nous en écarteraient.

On peut sans doute poser des questions et proposer une méthode; mais il n'y a que celui qui s'aide de sa propre réflexion qui puisse faire quelque progrès dans cette étude. Quoique dans les pages suivantes on reconnaisse une tendance à tracer une route et classer les faits, l'auteur pense que la méthode est le plus grand secours qu'il lui soit possible de donner, et que, pour avancer dans la science de l'esprit, il faut que chaque lecteur achève l'ouvrage.

La plus grande difficulté qu'on rencontre en commençant l'étude de la nature humaine, vient de ce que le sujet est si familier, que notre présomption nous fait croire que nous le possédons parfaitement. L'esprit a la conscience de lui-même, et il faut appeler en faveur de cette vérité, le témoignage de celui qui étudie la morale. Il doit réunir tout ce que chacun sait, évaluer un fait plutôt sous le rapport de ses conséquences que sous celui de la nouveauté, et même l'examiner d'autant plus, qu'il est notoire et commun. C'est du cours ordinaire des choses que l'on a recueilli les lois de la nature, et c'est sur lui que le moraliste doit compter pour la marche de la science et le succès de ses opérations. Car bien que des choses nouvelles et singulières amusent l'imagination, l'affectation de la nouveauté, presque toujours déplacée dans quelque science que ce soit, l'est tout-à-fait dans celle de l'esprit; si le fait est bien constaté, il n'y a pas nouveauté.

En déterminant la ligne que l'homme doit suivre, il nous faut observer tous ses pas, et deviner à la fin de sa marche le point de départ et la direction.

Comme l'étude de l'homme se rapporte à son état actuel, et à sa perfectibilité, il est évident que ces sujets étant inséparables, nous ne pouvons passer au second que sur les bases qui nous ont servi à examiner le premier. La connaissance que nous avons de chaque nature dérive de celle que nous avons de leurs facultés et de leurs forces; et le but qu'on se propose d'atteindre doit être de l'espèce que ces facultés et ces forces sont destinées à produire. Il serait insensé d'attendre d'un cheval la rapidité de l'aigle, et de l'aigle la force du cheval.

Trop souvent, en traitant des choses humaines, on se permet la louange ou la critique. Cette dernière plaît à notre humeur chagrine; la première, en relevant les prétentions d'une nature dont nous faisons partie, flatte notre vanité. Mais, soit que la partialité pour notre espèce et l'indignation contre le vice aient leur source dans un penchant très-noble, ils n'en sont pas moins déplacés; on les doit éviter dans les recherches d'une science, dont l'objet est d'assurer la réalité du fait, d'estimer le sujet à sa juste valeur, de cultiver le bien dont il est susceptible, et de diminuer le mal auquel il est exposé.

Voilà ce que chaque individu doit apprendre en vivant intimement avec lui-même, en prenant l'habitude, si négligée par le vulgaire, d'observer ce qui se passe dans l'esprit. Il faut chercher à nous rendre compte de ce que nous savons de nous-mêmes.

On peut tirer aussi une grande instruction du système de choses au milieu duquel le genre humain est placé, et des aspects divers sous lesquels les espèces se sont montrées dans d'autres siècles et chez d'autres peuples. C'est ainsi qu'en nous aidant de la mémoire de nos sensations et de nos pensées, nous pouvons nous livrer à l'habitude de chercher hors de nous des sujets d'observation, et nous n'en serons que plus ardens à l'étude des principes intimes d'une nature qui apparaît en traits si particuliers dans l'histoire du genre humain.

Voilà pourquoi on a cru convenable, dans cette méthode, de jeter un coup d'œil sur l'ordre général des choses, d'examiner l'homme et la place qu'il occupe. En même temps nous essayerons de déterminer la distinction du bien et du mal, relativement à sa nature, distinction qui dérive autant de ses rapports avec les autres êtres, que de ce qu'il est en lui-même.

D'après quelques passages suivans, on pourra croire que l'auteur penche pour la philosophie des stoïciens; mais on ne pourra jamais l'accuser d'avoir altéré la vérité pour l'adapter à son système. Il a pris ses notions là où la vérité pouvait être apprise.

Les stoïciens considèrent la vie humaine comme un jeu; l'intérêt et le mérite des joueurs consistent à bien jouer, quelque soit le gain (1). L'auteur a vu jouer ce jeu dans les camps, en face de l'ennemi, avec cette facilité que l'on doit toujours trouver dans les situations avantageuses; et avant d'avoir fait attention aux éclaircissemens donnés par Épictète sur la comparaison précédente de la vie avec un jeu de hasard et d'adresse, il fut long-temps sans pouvoir se rendre compte de ce fait.

Si ses recherches le conduisent à suivre la doctrine philosophique, professée par une secte il y deux mille ans, il s'y conformera, quoique cette école soit regardée de nos jours comme insensée.

Cicéron professait le scepticisme; mais quand il instruisit son fils des devoirs de la morale, il eut recours aux principes de la philosophie stoïcienne, comme étant plus applicables à la conduite de la vie. Les meilleures lois romaines y prirent nais-

(1) Les discours d'Épictète, conservés par Arrien. (L. 2, ch. 5.)

sance, et la jurisprudence a toujours recours à la grande distinction du bien et du mal, parce qu'en établissant ses règles, on ne doit faire attention qu'à la justice, et non à l'importance du cas.

Chez les modernes mêmes*, cette secte fut respectée par ceux qui en ont connu le véritable esprit, tels que lord Schaftesbury, Montesquieu, Harris, Hutchinson et beaucoup d'autres; et certes, l'une des premières leçons à donner à la jeunesse, et même à ceux qui ont dépassé l'âge où on peut apprendre, c'est de leur interdire l'admiration ou le mépris pour des choses qu'ils ne connaissent pas. Le but de ce livre n'est pas de donner du nouveau, mais d'être utile à l'étudiant. L'auteur ne négligera pas de citer ceux qui l'ont précédé, aussitôt qu'il empruntera des pensées, ou qu'il s'apercevra que l'élève peut être renvoyé avec avantage à un autre maître.

L'ouvrage est divisé en deux Parties. La première traite du fait, ou du sujet de la description, et de l'ordre des faits dans l'histoire de la nature progressive de l'homme. La seconde traite des principes du droit, ou des bases du jugement et du choix en matières légales, personnelles, sociales et politiques.

Le but qu'on se propose dans ces diverses Parties, est de reconnaître les bases du pouvoir et du choix dans la nature humaine.

Dans la première Partie, nous avons cru convenable de placer quelques aperçus qui serviront d'introduction au sujet, et de considérer l'homme comme faisant simplement partie de la nature vivante; ce qui aidera l'esprit autant dans la recherche des analogies qui règnent entre l'homme et la dernière classe des êtres, que pour voir cet être singulier dans sa grandeur et ses contrastes.

C'est ce qui a engagé l'auteur à placer dans le premier chapitre, la distinction qui existe entre la nature vivante et la nature active, et celle des animaux sociables et politiques. Conduits à l'homme par analogie, nous le trouvons distingué par l'intelligence et les forces de l'observation et du choix, et plus spécialement par cette obligation où il est, de se connaître lui-même, de deviner dans la nature une intelligence supérieure à la sienne, et d'acquérir par l'effet de sa volonté, les qualités qui constituent la perfection de son être.

L'histoire de l'esprit, et celle des lois de la nature perfectible de l'homme, doivent former les principales connaissances de l'homme, ainsi que les fondemens du pouvoir qu'il exerce sur lui-même. Nous nous en occuperons spécialement dans le second et dans le troisième chapitres. Les faits n'y sont pas présentés comme des découvertes, mais comme des données qui fortifient les conclusions de la seconde partie, relativement aux bases du choix, à ce que l'homme doit désirer pour lui-même, souhaiter à son pays et au genre humain.

L'auteur est convaincu qu'un ouvrage tel que celui-ci, pour être parfait, ne doit pas être composé pour une seule classe de lecteurs, mais pour tous les hommes; et quoiqu'il n'ose se flatter d'avoir atteint cette haute perfection, il espère que les gens de l'art feront grâce à quelques défauts. On peut passer, sans préjudice pour le raisonnement, quelques citations des auteurs anciens, et il espère que le reste aura encore des titres à l'indulgence de tous ceux qui liront cet ouvrage.

PRINCIPES
DE
LA SCIENCE MORALE
ET POLITIQUE.

PREMIÈRE PARTIE.

DU FAIT, OU DES APPARENCES LES PLUS GÉNÉRALES DANS LA NATURE ET DANS L'ÉTAT DE L'HOMME.

CHAPITRE PREMIER.

DESCRIPTION DE L'HOMME, ET SA PLACE DANS L'ÉCHELLE DES ÊTRES.

SECTION PREMIÈRE.

De la distinction des natures vivantes et actives.

UNE des règles de la mécanique nous apprend que la matière est également inerte dans le repos comme dans le mouvement, et que, n'ayant aucun principe de déplacement en elle-même, elle doit résister à tous les changemens qu'on veut lui faire subir. C'est sur ce principe reconnu d'inertie, par lequel un corps obéit au mouvement impulsif, que sont fondés tous les phénomènes de l'action et de la réaction des corps.

Nous ne chercherons pas si le mouvement vertical ou la pression des corps sont des exceptions à la règle précédente, et si dans d'autres cas la matière paraît se mouvoir spontanément : il suffit d'observer que tout sujet mécanique en repos ou en mouvement, résiste au déplacement et au changement de direction produit par une cause quelconque, sans pouvoir attribuer son déplacement à des mouvemens d'affection ou d'aversion inhérens au corps même.

Parmi les formes si variées de la matière, la marque distinctive des natures vivantes est d'avoir en elles-mêmes une force d'activité. Ces matières reçoivent des impressions extérieures qui les affectent ; mais elles agissent aussi d'elles-mêmes et ont leur but, afin d'obtenir un avantage ou d'éviter un inconvénient.

La matière inerte forme un tout par l'agrégation de ses parties ; mais les corps doués d'un principe de vie sont organisés, c'est-à-dire, composés de parties diverses, dont les substances, dures, molles, fluides, nerveuses, servent toutes à la vie, et s'adaptent parfaitement au système qu'elles composent. Pendant un temps ce système se perfectionne, et bientôt après il tombe et se dissout ; et dans ses progrès comme sur son déclin, toutes ses parties sont destinées à croître et à se détruire.

Ceci s'applique également au règne végétal et animal. Dans l'organisation d'une plante, la racine, la tige, les feuilles, la fleur, et la graine, forment un système. La racine pénètre le sol ; les autres s'élancent dans l'atmosphère, comme si elles étaient sans pesanteur; et toutes ces parties semblent faites pour tirer leur subsistance des élémens où chacune d'elles se trouve.

Les végétaux imposent leur nature aux substances dont ils se nourrissent; et tout en paraissant ne travailler que pour eux seuls, ils assemblent des matériaux pour subvenir aux besoins d'un autre ordre d'êtres.

La fonction de la vie végétale se borne à la croissance et à la dissolution de l'individu, ainsi qu'à la propagation de l'espèce. Un espace est donné à chaque plante pour naître et mourir : elle ne peut le quitter, et elle ne paraît pas même être par sa volonté dans celui qu'elle occupe.

La première distinction de la nature animale est donc la volonté et la faculté d'errer librement dans l'espace. Son organisation est semblable à celle des végétaux, quant à la croissance, la dissolution et la nourriture. Il y a certaines parties combinées, et destinées à remplir ces fonctions, et elles correspondent aux racines et aux feuilles des plantes; mais le corps de l'animal est disposé pour tous les mouvemens qu'il doit faire. Il cherche ses alimens et les choisit par instinct ou par suite de ses observations.

Les corps des animaux semblent construits d'après les lieux variés où ils doivent trouver leur nourriture, et de manière à faciliter tous les mouvemens nécessaires. Les uns vivent au sein des mers; d'autres volent dans les airs, vivent sur la terre, ou dans ses entrailles.

Il y a dans les animaux une certaine propensité à telle

ou telle action; la plupart aiment à se servir des forces qui leur furent données autant pour leur plaisir que pour leur utilité. Ils ont des temps d'exercice et de repos, et on distingue plusieurs espèces d'après le goût qu'elles montrent pour l'un ou pour l'autre. L'huître sur le sable ne paraît agir que pour ouvrir et refermer sa coquille, afin de recevoir l'eau qui lui convient, et rejeter ce qui l'incommode. D'autres animaux sont au contraire très-actifs, et la nature semble leur donner les moyens de réparer des forces qu'ils usent sans cesse au milieu des plus violens exercices.

Après le déplacement volontaire, vient une distinction plus élevée, celle de la sensibilité, ou de la capacité de plaisir et de peine unie à un dessein d'action, réglé d'après ces considérations. Nous pouvons placer le plaisir dans ces momens de repos que la nature demande plus ou moins, et supposer qu'il est la condition d'une sensation inactive; mais on ne peut douter que les espèces animales les plus nobles ne trouvent du plaisir dans l'exercice de leur force; sans cela, d'où viendrait l'ardeur avec laquelle le cheval et le chien oublient, pour ainsi dire, leur nourriture pour chercher des obstacles à surmonter? La nature les pousse à appliquer les organes dont elles les a pourvus, aux résultats qu'ils sont destinés à obtenir. C'est en suivant cette loi, qu'ils augmentent leur beauté, et montrent dans l'exercice de leurs membres la haute sagesse du Créateur.

Doués de l'instinct de leur propre conservation, les

animaux apprennent par la douleur ce qui leur est nuisible, et par le plaisir ce qui leur est salutaire. Ils ne s'approchent qu'avec précaution des choses qu'ils ne connaissent pas, et ils manifestent de l'horreur pour tout ce qui porte les marques de la mort. Mais chez les animaux que nous appelons *nobles*, ces sentimens sont étouffés, dès qu'on leur donne l'occasion de se livrer à un exercice violent. L'ardeur et l'intensité des efforts semblent accroître le plaisir; et comme la difficulté et le danger demandent une augmentation proportionnelle de force et d'ardeur, ils semblent accroître leur jouissance; de sorte que, tout en remplissant une tâche pénible, l'animal oublie les exercices qui pourraient exiger de moindres efforts. Le dogue dressé à la chasse aux loups, dédaigne la chasse du renard et du lièvre.

Les efforts des animaux dans l'exercice de leurs forces, sont d'autant plus énergiques que l'obstacle est plus égal à leurs forces, et voilà pourquoi ils se plaisent à se mesurer entre eux. Ils cherchent des occasions de dispute, non-seulement dans l'éloignement que les individus de deux races différentes ressentent les uns pour les autres, mais encore avec ceux de leur espèce.

Cette disposition n'est pas toujours accompagnée d'un esprit hostile; mais on dirait qu'ils se piquent entre eux d'adresse et de force. Leurs jeux favoris sont ceux où la vie est exposée, et qui ne laissent d'autre prix au vainqueur que la peine et les blessures.

La nature semble alors oublier ses ouvrages et suivre

une politique destructive; cependant on ne découvre pas encore dans ces exemples la fin nécessaire de la vie animale. Les parties qui servent à l'organisation d'une constitution vivante doivent, après un certain laps de temps, être rendues aux élémens d'où on les a tirées, et après s'être perfectionnées pendant un nombre d'années déterminé, s'user ensuite d'elles-mêmes; nous n'avons aucun motif de critiquer l'ordre de la nature sur les diverses morts qui terminent l'existence de chaque système.

Le Créateur n'a point organisé les plantes et les animaux pour vivre éternellement; mais il a pourvu ces derniers d'un instinct de conservation qui tend à suspendre l'arrêt de mort, à prolonger indéfiniment leur existence, mais pas assez puissant pour résister au torrent sur lequel ils ne semblent naître que pour mourir.

C'est dans cet ordre de choses que nous devons respecter le pouvoir qui anéantit les générations végétales et animales, et veille sans cesse à la reproduction successive des espèces.

Cette destination ne peut affliger les animaux incapables de réflexion; mais elle avertit ceux à qui il est donné de réfléchir sur leur sort, que la vie est estimée d'après le bien qu'elle renferme, et non pour sa durée.

Le chêne traverse les siècles, et la plante délicate se flétrit vers l'automne; l'éléphant vit deux cents ans, le moucheron qui voltige aux rayons du soleil meurt avec la lumière qui l'a fait éclore, et la fatale sentence s'exécute sur tout ce qui vit.

The boast of heraldry, the pomp of power,
And all that beauty, all that wealth e'er gave,
Await alike th' inevitable hour;
The paths of glory lead but to the grave.

GRAY's *Elegy on a country churchyard* (1).

Si l'on pouvait assez se méprendre sur ces vers pour en inférer quelque chose contre la gloire, nous demanderions où conduit le sentier de la honte?.... au tombeau, et voilà pourquoi la vie doit renfermer son prix en elle-même, sans qu'on s'occupe d'une fin qui tranche les destins les plus brillans et les plus obscurs.

SECTION II.

Distinction des animaux sociables et politiques.

Parmi les espèces si variées du règne animal, les unes sont appelées *sociables* ou disposées à vivre en société, et les autres *solitaires*.

On ne trouve pas la cause de cette distinction dans l'isolement des individus d'une même espèce ou dans leur réunion constante, mais dans les différens degrés de liaisons qui existent entre eux.

Tout se lie dans la nature; l'univers est formé de parties qui, semblables aux pierres d'une voûte, se prêtent un appui mutuel.

Les mouvemens qui sembleraient devoir troubler son

(1) Les vanités de la noblesse, la pompe du pouvoir, tous les dons de la beauté et les avantages de la richesse, touchent à ce moment fatal. Le chemin de la gloire ne conduit qu'au tombeau. GRAY, *Elégie sur un cimetière de campagne.*

harmonie, sont balancés par d'autres. Les élémens tombés en vertu de leur pesanteur, remontent par l'évaporation; les corps les plus durs sont dissous et réduits en fumée; ils retournent partager la fluidité de l'air. Les vapeurs qui sortent des mers sont portées sur le continent; et les nuages qu'elles forment, selon les diverses saisons, se déchargent d'une partie de leur humidité pour nourrir les plantes et les animaux.

L'eau qui, entraînée par son poids, percerait jusqu'au centre de la terre, est arrêtée par des couches impénétrables de roc ou d'argile, d'où elle va former des sources sur le penchant des collines; elle descend en ruisseaux jusqu'à l'Océan, qui la renvoie de nouveau pour fondre en torrent sur la terre.

La guerre apparente des élémens maintient la paix du monde. Les vents deviennent avec la pluie les causes de sa fécondité, et ce qui nous paraît irrégulier est au contraire la perfection de l'harmonie. Le rocher, la montagne escarpée, servent d'asile à une foule d'habitans, et embellissent le séjour de l'homme.

Le mouvement des parties dans la nature conspire donc à la conservation du tout. Dans chaque subdivision on découvre un arrangement et un rapport spécifique, qui indique dans chaque espèce la mesure de services que les membres de toutes les classes peuvent se rendre.

Dans le règne végétal, ainsi que dans le règne animal, les générations dérivent les unes des autres, et l'individu qui naît est protégé par son espèce.

Si nous considérons les animaux sous le rapport de leur nature sensible, l'espèce ou le genre devient pour l'individu l'objet d'un attachement instinctif, et il a besoin de la participation de ses semblables pour compléter ses jouissances.

La disposition des sexes, l'amour des pères pour leur progéniture, sont communs à tous les animaux. Dans quelques cas, l'union des sexes est fortuite, et l'amour paternel dure peu; de sorte qu'après un temps donné d'inquiétude de la part du père et de dépendance du côté du fils, chacun affecte la solitude, et regarde ses semblables et son père même plutôt comme un rival que comme un allié et un ami.

Ces espèces sont appelées *sauvages* ou *solitaires*.

On observe cependant qu'en général, les individus d'une même espèce fréquentent les mêmes lieux.

Le groupe porte, comme l'espèce, des noms séparés, tels que troupeau, couvée, essaim, compagnie, société, etc., appropriés aux différens genres d'animaux. Le terme *société* est particulièrement appliqué à une réunion d'hommes, et c'est toujours au figuré qu'on dit que les animaux vivent en *société*, et que les hommes se forment en troupes.

Ces animaux, malgré la différence de leurs mœurs et des motifs qui les rassemblent, sont appelés *sociables* ou *gregarii*, par opposition avec ceux de la première classe.

Parmi ceux de la seconde, on observe qu'il y en a

qui se rassemblent ou s'attroupent sans coopération apparente à l'avantage général : tels sont les bœufs, les chevaux, les moutons, les chèvres ; ils ne font que paître ensemble, et cependant on ne peut les séparer sans violence. On leur donne seulement le nom de *gregarii*.

Quelques espèces semblent combiner leurs travaux en commun, distribuer la tâche, et indiquer à chaque membre de la communauté ce qu'il doit exécuter : tel est le castor parmi les quadrupèdes ; et parmi les insectes, les fourmis, les abeilles, les guêpes et beaucoup d'autres.

Aristote range ces dernières dans la classe des animaux politiques et sociables (1).

C'est aussi la classe de l'homme ; car partout où il est réuni avec ses semblables, il y a *société*, et la coopération du nombre est dirigée vers un but commun.

Maintenant on trouve l'homme en société : on a controversé long-temps pour savoir s'il en était ainsi dans l'origine, ou si l'état actuel n'est que le résultat de l'attachement de l'homme pour son espèce.

Mais en décidant cette question, les auteurs en ont d'abord regardé les conséquences ; et après avoir tiré leurs déductions, ils ont admis ou rejeté le fait même, selon qu'il convenait plus ou moins à leurs conclusions.

Les uns prétendent que l'espèce humaine, quoique maintenant unie en société, et souvent en paix, garde

---

(1) Ζῶον ἀγελαῖον καὶ πολιτικόν.

encore les marques d'une condition originaire différente, sinon contraire. Pourquoi, dans les états les plus pacifiques, les citoyens croient-ils nécessaires de se fortifier? contre qui emploient-ils ces portes, ces murs? pourquoi le riche cache-t-il ses trésors? Les hommes doivent-ils craindre le voisinage d'alliés et d'amis? ou plutôt ne montrent-ils pas un instinct de ravage et d'hostilité, en redoutant, dans chacun de leurs semblables, un voleur ou un espion, prêt à les dépouiller ou à les dénoncer?

Pourquoi le magistrat est-il armé d'une épée, instrument de violence et objet de terreur? D'où vient qu'il se faut donner tant de soins pour conserver la paix intérieure et repousser les invasions? Pourquoi ces prisons, cet appareil de fers, de torture? Le bourreau est-il l'anneau principal de la chaîne sociale? Est-ce pour recevoir des amis que les frontières sont hérissées de forteresses. Toutes ces précautions nous donnent plutôt la conviction, qu'au-delà du cercle où l'homme établit la paix par des moyens factices, il n'a plus rien à attendre que la guerre.

Pour répondre à ces assertions, admettons que, dans beaucoup de circonstances, la paix de la société soit évidemment forcée, et ne soit maintenue que par une variété infinie de moyens artificiels.

Quand nous jetons un regard sur l'histoire, nous voyons les faibles devenir la proie du plus fort; ils ont donc dû se liguer pour la défense commune. La durée de la confédération ne garantit pas sa tranquillité, car les parties sont toujours prêtes à entrer en dispute. La guerre étrangère servait, dit-on, à calmer les Romains, en les forçant à se réunir : sans cette cause, la hache du licteur eût été trop faible pour réunir ces esprits inquiets.

De tout ceci, nous pouvons conclure que les hommes, quoique naturellement en société, ont le choix du bien et du mal attachés à leur état; que les individus sont souvent disposés à abuser des avantages du voisinage pour troubler la paix; de là dérive la nécessité d'un gouvernement, et l'application d'une loi pénale; et quoique l'homme soit destiné à vivre avec ses semblables, et qu'on puisse sous ce point de vue le ranger parmi les animaux sociables et *gregarii*, il est cependant permis d'avoir une opinion différente. L'individu pouvant être un bon ou un mauvais membre de la société dont il fait partie, doit encourir toutes les conséquences d'un choix bien ou mal fait.

La société est l'état physique des espèces, et non la distinction morale d'un individu : c'est l'état de ceux qui la nient et de ceux qui l'admettent. L'isolement n'est pas toujours un vice, ni l'association une vertu; car on peut se réunir aussi bien pour se battre, que pour vivre en paix. Chaque individu a ses amis et ses ennemis; c'est dans le choix de l'amitié et de l'inimitié que commence la tâche de l'homme sage; elle ne s'exerce que là où le bien de la société dépend de son choix, et non de la nécessité ou même d'un instinct invariable.

Dans les réunions des bêtes, les motifs d'union, ou ceux de discorde, sont peu nombreux, simples et instinctifs : les mœurs sont uniformes ; les troupeaux ne font que paître ensemble ; et les essaims semblent soumis comme une famille à l'autorité d'un père ou d'un chef, pour coopérer au même ouvrage.

Dans la nature humaine, le principe social se combine avec des considérations et des circonstances si diverses, que l'homme en varie continuellement les formes, soit sous le rapport du nombre ou du but de la communauté.

Toute réunion d'hommes est une société. Les principes agissans existent, et pour connaître complètement la force de la nature sociale de l'homme, il faut les énumérer et les discuter séparément. Dans cette énumération, nous ne jouerons pas le rôle de spectateurs qui observent les apparences extérieures, pour en conjecturer les causes, mais nous aurons l'avantage d'être parties intéressées, intimement instruites des motifs de la cause qui produit ces effets.

SECTION III.

Des principes de la société dans la nature humaine.

La combinaison des parties du système de la nature ; le secours mutuel qu'elles se prêtent ; l'attachement de l'individu pour son espèce, et l'exemple de plusieurs associations politiques, sont des preuves suffisantes pour admettre que la société est un état naturel à l'homme ;

et celui dans lequel il est maintenant, rend superflu tout argument contraire.

Dans ce qui suit, nous nous efforcerons de déterminer le caractère de la société, plutôt que de prouver qu'elle est réellement l'état dans lequel l'homme est destiné à agir.

Dans cette scène, mêlée de bien et de mal, où il est jeté, il nous importe de connaître la tendance de sa nature vers ces deux principes.

Quelques auteurs, en admettant la réalité de l'état actuel de l'homme en société, ont essayé de recueillir les caractères qui indiquent s'il est destiné ou non à cet état, afin de résoudre, chacun à leur manière, la question si long-temps agitée de l'état de nature.

Ces caractères méritent particulièrement notre attention; ils servent à distinguer l'espèce à laquelle nous appartenons, et le théâtre sur lequel nous sommes destinés à agir. On les trouvera dans les transactions humaines, soit qu'ils y coopèrent ou s'y opposent. Dans le premier cas je comprends les familles, les tribus, les nations et les empires; dans le second, la rivalité des partis ou des individus.

La famille est le type de la société, ou des établissemens nécessaires à l'existence et à la sûreté de l'espèce. Comme les familles peuvent exister séparément, sans avoir besoin de communiquer entre elles, elles continuent à se former, à quelque nombre que soit portée la communauté. Elles sont les nourrices de l'homme, [illegible] gine des empires : voilà pourquoi il nous faut connaître ces liens de famille qui constituent un caractère social, indélébile en tout temps et dans toute société volontaire ou forcée.

Dans les familles, le premier motif d'union est l'inclination mutuelle des sexes, penchant qui suspend ou surpasse toutes les autres passions de l'esprit humain. Dans l'animal, cette disposition n'est que temporaire ; mais elle fonde dans l'homme un attachement exclusif, et son résultat est d'avoir rendu le mariage universel et stable. Les rapports du mari avec la femme s'augmentent des sentimens de la paternité ; et l'effet que produit cette institution sur la race humaine est égal à celui du cœur sur notre corps : elle est trop nécessaire à la conservation des ouvrages de la nature, pour être confiée à la volonté précaire de ceux qui y sont le plus intéressés.

La naissance de l'homme est suivie de plus de douleurs et de dangers que celle des autres animaux ; son enfance est privée d'appuis : mais nous osons affirmer que cette circonstance, jointe à beaucoup d'autres qui paraissent des imperfections, ne sont que les indices de cette haute destinée qui doit s'accomplir dans le cours de la vie humaine.

Sa naissance est accompagnée de particularités qui font sur ses parens la plus vive impression. Ils sont délivrés d'une grande inquiétude ; ils viennent d'acquérir un objet d'une valeur infinie, qui ouvre un nouveau champ d'espérances dans des cœurs tremblans de crainte, et agités par les sentimens d'une douce sollicitude.

L'enfant ne peut faire autre chose que de pousser des cris de détresse, qui annoncent les vicissitudes de la vie et le besoin de secours. Ces faibles cris sont cependant plus puissans pour l'obtenir, que les plus grands efforts des petits des animaux; ils touchent l'oreille et le cœur de ceux qui ont les moyens, l'intelligence, et le pouvoir convenable pour lui fournir ce qui lui manque, et qui se privent même du nécessaire pour soigner un faible enfant.

Si l'on pouvait observer l'état dans lequel il est né, on le trouverait entré dans une ligue qui le sert, le protège, et pour qui il ne fait rien. L'incapacité où il est d'y contribuer intéresse, et les soins qu'on lui donne augmentent la tendre affection dont il est l'objet.

Son premier sourire, ses premiers efforts pour s'attacher avec prédilection au sein qui le nourrit, sont les plus précieuses récompenses des soins qu'on lui a donnés depuis sa naissance. Personne n'a encore osé soutenir qu'alors le cœur humain, incapable d'amour, n'est formé que pour l'intérêt, et qu'une mère, en présentant son sein à son fils, n'a en vue que les avantages qu'elle pourra en retirer un jour.

Si la faiblesse de l'enfant exige plus long-temps les soins de sa mère, ce désavantage apparent est plus que compensé par le plaisir qu'elle trouve à prodiguer ses attentions à ce petit être; et le père trouve dans cette dépendance le germe du lien social, qui doit être plus puissant chez les hommes que dans toute autre espèce d'animaux.

La base de l'union de l'enfant avec ses parens dès l'aurore de sa vie, vient de sa position et des rapports qu'il est obligé d'avoir avec eux. Né en société, on veille à sa conservation, sans qu'il ait encore l'idée de ce qui peut lui nuire ou lui être utile. Dès qu'il commence à se rendre compte de son état et devient plus maître de ses actions, il suit sa mère pas à pas, et craint de s'en séparer. Il voudrait se trouver à chaque instant dans la société où il est né, et tout ce qui attaque l'honneur de sa famille est pour lui du plus grand intérêt.

Avant que la force des premières affections de famille soit passée, les relations se multiplient, et des attachemens d'instinct deviennent des habitudes. Les frères et les sœurs travaillent au même but, et quelquefois la troisième génération paraît avant que la souche soit éteinte. Les branches collatérales prospèrent en conservant leur filiation; et quoique séparées du tronc, elles regardent la consanguinité comme un moyen de liaison beaucoup plus puissant que les relations personnelles.

C'est ainsi que les descendans multipliés d'une race se forment en tribus, et adoptent un point d'honneur commun.

La langue grecque a un mot particulier pour exprimer la tendresse paternelle (1). Nous la nommons

(1) Στοργή.

affection naturelle, parce qu'elle est inspirée particulièrement par la nature, et qu'elle préexiste à son objet.

Cette affection se développe dans l'âme comme le lait se forme dans le sein de la mère. La piété filiale est peut-être un sentiment moins naturel. L'enfant s'attache au sein de celle qui lui a donné le jour, et fuit l'étranger; c'est parce qu'il craint et rejette ce qui est douteux et inconnu, tandis que l'habitude lui fait voir dans sa mère la source certaine de toutes consolations et son plus ferme défenseur.

Le sang au-delà du degré de frère et sœur ne fait plus sentir son influence, et les liaisons sont alors subordonnées à l'habitude et au caractère.

La société est la consolation de la vie humaine; l'homme a un dégoût naturel pour la solitude, et du penchant à se livrer aux mêmes travaux que ses semblables.

Cette inclination de l'homme se retrouve aussi dans les espèces d'animaux auxquels nous avons donné le nom de *grégaires*. Elle est purement instinctive, et la rencontre de deux individus suffit pour la satisfaire. Les bêtes douées de cet instinct surmontent tous les obstacles pour rejoindre leur troupe; mais une fois réunies, elles ne paraissent pas s'attacher par choix à tel ou tel membre de leur espèce.

Dans l'homme, le fait est différent; nous sommes toujours disposés à chercher ou à éviter une connaissance; la variété des caractères nous fait choisir ou rejeter.

S'attacher à un seul ami n'est donc pas une disposition anti-sociale, comme plusieurs l'ont prétendu, mais connaître la distinction du bien et du mal, dans cette importante liaison.

L'homme ayant un nombre infini d'intérêts faux ou réels qui demandent ses soins, trouve plus d'occasions de combattre que les animaux *gregarii*. Cette intelligence imparfaite de l'homme que nous nommons *raison*, se trompe plus aisément que l'instinct; de là les haines, fondées sur des motifs réels d'aversion, ou imaginaires.

L'homme n'aime point à se lier avec un inconnu; c'est pourquoi nous observons que l'espèce humaine n'agit pas uniformément, mais en troupe et par parties. Nul obstacle physique ne peut empêcher sa réunion; mais elle préfère l'isolement, parce qu'elle est dominée par une idée d'indépendance et de liberté.

Telle fut la cause de la multiplicité des hordes dans les siècles barbares : mais dans la nature humaine, la séparation a pour effet de resserrer les liens sociaux; et plus les membres de chaque nation mettent de différence entre un citoyen et un étranger, plus ces liens sont forts.

Cette division de l'espèce fait naître des intérêts opposés. Le but n'est pas le même; l'attachement pour une société fait concevoir de la haine pour une autre, et il ne faut pas toujours compter sur les dispositions sociales qui apparaissent dans l'homme : l'indifférence, plus que la sagesse, prend l'apparence de l'impartialité quand il s'agit de notre ami ou de notre patrie.

Ce qui semble ici désunir l'espèce, tend à former des ligues plus étendues : de là la coalition des familles ; l'occupation d'un vaste terrain par un même gouvernement.

Le penchant social est satisfait dans un cercle étroit ; là où il y a prédilection, il doit y avoir connaissance et estime. Mais les établissemens nationaux excèdent ces limites, et embrassent dans la même communauté des individus inconnus les uns aux autres.

Les nations se forment d'après le principe de l'utilité. Repousser les ennemis extérieurs, étouffer les discordes civiles, tels en sont les premiers motifs. Le mot de *patrie* emporte l'objet de nos plus chères affections ; il excite l'ardeur avec laquelle les bons citoyens sacrifient toute considération personnelle à la cause publique.

L'accroissement de population et l'agrandissement du territoire, sont sans bornes ; mais l'ambition les étend souvent plus que ne demande l'utilité : la guerre, l'extension de la communauté et l'éclat de l'histoire d'une nation, la mènent presque toujours à oublier ses anciennes lois, et à recevoir celles de l'étranger.

Quand les provinces, éloignées les unes des autres, sans rapports nationaux, de langage, de mœurs ou d'intérêts, sont réduites à reconnaître un seul chef, et à réunir leurs contributions pour enrichir un maître commun, le principe social, s'il nous est permis d'employer ce mot, est la force ou l'ambition des souverains, plutôt que la volonté du peuple ou l'intérêt de l'état.

Le pays conquis est annexé à l'empire qui absorbe les nations, ou les change en provinces qui ne peuvent avoir d'intérêts communs. S'il s'étend au-delà des limites que les affections sociales de l'homme peuvent atteindre, ces affections se concentrent dans quelques divisions de cet immense territoire, dans les amis, dans les familles; et de là sort un esprit national qui, dans les plus vastes empires, engage les sujets à servir fidèlement leur souverain, et à soutenir son trône.

L'esprit de l'homme est touché de ce qui arrive à son semblable; on peut donc regarder comme son privilége et la marque distinctive de son espèce, ce sentiment auquel nous donnons le nom d'*humanité* : par cette disposition, l'étranger a droit à nos égards, à nos attentions.

Mais les nombreuses observations qui nous restent à faire sur cette matière ne peuvent être classées avec les facultés de la nature animale. Plus l'homme s'élève au-dessus de cette nature, et plus la preuve qu'il est appelé à former un système, et à entrer dans un ordre de choses intelligent, devient évidente. Par son intelligence il aperçoit et juge l'ensemble d'un tout, dans chacune de ses parties, et le but pour lequel il a été fait. Ses jugemens moraux sanctionnent son caractère et ses actions dans la société. La grande distinction du bien et du mal, de la vertu et du vice, qui fait éprouver à l'homme tant de peines et de joies, d'estime ou de mépris, tire son origine d'une disposition sociale, qui accueille favorablement tout ce qui contribue au bien du genre humain, et rejette avec horreur tout ce qui peut lui nuire.

Le talent particulier de l'homme pour la parole et la communication avec ses semblables, malgré la diversité des langues qui distingue les nations les unes des autres, servent à réunir les efforts du genre humain, pour l'avancement de la connaissance de l'intelligence. Les lumières de la science sont communiquées d'un bout du monde à l'autre. Les ouvrages du génie sont des bienfaits pour l'humanité entière; partout et de tout temps l'homme marche vers un but commun d'invention, de science, de découvertes; aucun membre de cette vaste communauté ne peut jouir ou souffrir, sans que le reste ne s'en ressente.

SECTION IV.

Du commerce et de la communication des animaux entre eux, et du langage de l'homme.

Les animaux qui s'associent ont toujours une faculté d'expression. Chaque femelle sait appeler son petit, et on trouve dans chaque famille des signes de ralliement, de joie, de douleur, de désir et d'aversion; chez les espèces rivales, vous entendez des signaux d'alarmes et de défiance.

Les individus peuvent donc communiquer entre eux jusqu'à ce point; la nature vivante, dans tout ce qui la compose et dans chacun de ses mouvemens, porte un caractère de vie et d'efforts spontanés, sensible même chez le dernier animal.

La figure humaine exprime particulièrement l'intention et la volonté. La force d'interprétation correspond à la force d'expression, et il est donné à l'homme de comprendre ce que la nature le destine à exprimer. Chaque individu est disposé à communiquer ce qu'il pense, et à prendre communication de ce qui est pensé par un autre.

Tous les moyens employés pour exprimer les idées peuvent être compris sous la dénomination de *langage*. Les mots, marques d'intention et de volonté, n'ont aucune ressemblance avec ce qu'ils désignent : leur usage général est fixé par la nature ; ils sont employés spontanément, compris et interprétés en vertu d'une faculté originaire, correspondante à l'instinct qui en enseigne l'usage, et antécédente à toute expérience ou instruction. Ainsi les gestes, les regards, les changemens de couleur, les divers sons de voix, tous ces signes, sujets de la pensée, la découvrent sans aucune convention précédente des individus. Le sourire aimable, et celui du dédain, ne sont pas enfantés par la réflexion, pour exprimer le plaisir ou le mépris. L'enfant les comprend et les imite, sans connaître encore les traits qui vont les peindre. À notre dernière heure, la passion, les affections, manifestent extérieurement leur présence, et trahissent souvent un état d'esprit que le mourant voudrait pouvoir cacher.

La plupart des actions de l'homme, par une suite naturelle de leurs motifs, indiquent son intention, de même que l'effet découvre la cause. Ici, à la vérité, le signe est tout entier dans la nature des choses; mais l'interprétation est souvent le fruit de l'expérience ou d'une sagacité particulière, et non d'un simple instinct, comme dans le premier cas, où le son de voix, les traits, la contenance, peignent, par un bienfait de la nature, les nuances du sentiment et de la pensée. Quand un général fait manœuvrer son armée, on lui suppose le dessein d'attaquer, ou de battre en retraite. Mais alors l'interprétation n'est plus instinctive, elle est produite par un effort de sagacité, soutenu de l'expérience.

Le langage se divise en trois parties : les signes, la parole, et l'écriture. La pantomime nous offre l'exemple de la première, et par son secours nous comprenons parfaitement le commencement, le milieu, et la fin de toute action dramatique.

Les signes, et l'interprétation conjecturale ou instinctive, peuvent être regardés comme un modèle que la nature a donné à l'homme, pour arranger à son gré ses expressions et ses lettres, étendre ses moyens de communication, et devenir capable de s'exprimer pleinement sur tous les sujets soumis à l'observation ou à la pensée.

En cherchant à perfectionner l'expression, en ajoutant aux signes l'usage de la parole, le principe de vie qui est dans l'homme, de quelque nom que nous l'appelions, esprit ou intelligence, a occasion de montrer la variété et l'étendue de son pouvoir, et de produire sous une forme sensible une multitude de sentimens et de volontés, supérieurs à ceux des animaux.

A l'aide de ce moyen merveilleux, l'homme peut nommer tous les objets de la nature, et en marquer les rapports. Une simple inflexion de voix peint les modifications de sa pensée, de ses sentimens et de sa volonté, et si subtilement, qu'il est impossible au grammairien ou au métaphysicien, d'en classer les subdivisions sous leurs titres respectifs.

Tels sont les effets du langage, quand on l'applique aux signes conventionnels de la parole ou de l'écriture; mais la question de son origine et de son histoire partage les auteurs.

1°. Le langage est-il particulier à l'homme? nous penchons pour l'affirmative. Quelques animaux apprenent de lui à articuler des sons, et prouvent par là que leurs organes ne s'y refusent pas; mais ils n'attachent aucune signification à ces mots. S'ils les comprennent sans pouvoir les articuler, comme le chien et le cheval entendent leur nom et le commandement de leur maître, nous ne pouvons admettre qu'ils soient destinés à partager avec l'homme l'usage de la parole.

La seconde question qui se présente est : le langage est-il naturel à l'homme?

L'usage de la voix, dans l'expression du sentiment et de la passion, est sans doute un mouvement naturel, tels que les regards, les gestes, etc.; mais nous ne pouvons nous refuser à l'évidence : oui, l'homme a étendu artificiellement le nombre de ses signes, et nous en sommes persuadés, en articulant les sons, en multipliant les mots, pour peindre la variété infinie des pensées et des intentions. Il aurait pu, dit-on, perfectionner, comme les muets, le langage des signes; mais la voix, les organes de l'ouïe et du parler, sont si supérieurs à tous les autres modes d'expression, qu'ils ont dû l'emporter, devenir les ressorts principaux et favoris de la communication.

La voix se prête merveilleusement à toutes les inflexions; l'air, où le son se produit, est toujours présent et porte le moindre mot dans toutes les directions. L'ouïe, toujours ouvert pour recevoir les diverses impressions, est doué d'une grande faculté sensible et distinctive. La prononciation est, de plus, accompagnée d'action, de gestes, et de signes visibles; de sorte que nous apercevons clairement le fondement de cette préférence que le genre humain a donnée à la parole, sans la supposer autrement naturelle, que parce que c'est un moyen avantageux et commode.

Quelques auteurs ont demandé, si l'usage de la langue, bien qu'universel, n'est pas instinctif?

Le son que l'on pousse, pour exprimer un sentiment, est sans doute instinctif dans l'homme, comme dans les animaux. Mais l'instinct est uniforme dans ses effets :

et si la parole était instinctive, le genre humain parlerait la même langue, comme les oiseaux d'une même espèce sifflent les mêmes airs.

La diversité des langues indique donc dans l'homme la capacité d'invention et de choix qui marque ses ouvrages; mais comment a-t-on fait cette invention? qui nous l'a communiquée? comment cette découverte a-t-elle été faite et adoptée par le genre humain? est-elle destinée, comme certaines sciences, à l'usage spécial de quelques hommes instruits? Telle fut, dit-on, l'origine des lettres ou de l'écriture; mais il n'y a que les poètes qui osent nous apprendre que la parole fut enseignée par le fondateur d'une *société*.

La langue est un ouvrage que chaque nation semble composer pour elle seule. Ce qui est d'un usage général, quoique sous diverses formes, ne peut avoir été l'invention d'un seul ou de plusieurs : comment supposer qu'une nation apprenne d'une autre ce qui fait la marque distinctive des races, et que ce qui est varié à l'infini dans la pratique, soit la copie d'une invention unique et primitive?

Si on nous demande quel fut l'*inventeur des sons articulés*, et, sans être guidé par les rapports du signe à la chose qu'il exprime, qui a pu enseigner au genre humain un mot pour chaque objet, chaque pensée, chaque nuance de l'esprit; qui a indiqué une forme pour la proposition, l'interrogation, l'affirmation, ou la négation; qui a appris à la langue à varier les inflexions de la voix, et à marcher avec la pensée, nous répondrons que l'esprit, ou le principe de vie qui est dans l'homme, suffit pour produire tous ces effets. Dans les natures stationnaires, telles que celles de la plupart des animaux, la source originale d'une expression instinctive sert à tous les besoins de la vie : mais dans la nature perfectible de l'homme, il faut que la source du langage s'augmente suivant les occasions. Le génie le plus vaste ne serait pas capable d'inventer la langue la moins parfaite. Cependant on peut concevoir que le talent de l'homme pour les signes arbitraires, luttant sans cesse pour exprimer l'intention, a dû rendre les acteurs capables d'être compris et de comprendre ; et le résultat de ses efforts a été de donner à chaque dialecte le degré d'accroissement nécessaire à son usage.

Quand une société a atteint ce but, convenable à son état et à son siècle, l'esprit spéculatif aime à regarder avec étonnement la hauteur à laquelle il s'est élevé, semblable au voyageur qui, parvenu au sommet d'une montagne avec l'aide d'une force surnaturelle, verrait à ses pieds un précipice d'une profondeur incalculable.

Les parties du discours, qui coûtent tant de peine au grammairien, sont en pratique familières et générales. Les hordes les plus sauvages, les fous mêmes s'en servent ; elles s'apprennent très-promptement dans l'enfance, et l'espèce humaine, dans sa situation la plus dégradée, peut encore s'en servir.

Il semble que le genre humain n'ait pas besoin du

secours d'un génie supérieur, mais de la succession des siècles pour perfectionner l'admirable mécanique du langage; arrivée à son plus haut degré de splendeur, elle paraît supérieure à tout ce qu'ont pu produire les efforts simultanés des génies les plus vastes et les plus éclairés.

Nous pourrions traiter l'origine du langage, comme celle de la société, en supposant une époque antérieure à leur existence; mais les faits repoussent cette supposition, et prouvent que la société et le langage datent de l'homme.

Il y a société à la naissance d'un homme, et des expressions nouvelles quand le nombre augmente; mais il est probable que le genre humain a eu un plan d'expression instinctive, qu'il a perfectionné depuis, en y ajoutant des signes, des gestes et des mots.

Si nous voulions connaître la marche que le genre humain a suivie pour réunir les différens termes, il nous suffirait d'observer sa marche actuelle; car dans l'état le plus parfait de l'art, la plus haute perfection n'est que la suite des premiers efforts. Le commerce à son berceau n'était que l'échange d'un avantage superflu contre un besoin réel; depuis que l'usage de l'argent et des billets de banque a étendu ses relations, il n'est toujours que le troc d'une chose dont on peut se priver, contre un autre objet de nécessité absolue.

Le langage, dans son état le plus grossier, fournissait

quelques moyens d'expression instinctifs ou casuels; dans sa perfection, l'expression est augmentée; mais les hommes ne s'arrêtent pas plus dans le premier état de leur langage que dans le dernier. Ils changent leurs mots et les plient aux circonstances; ils trouvent des mots nouveaux pour des sujets nouveaux; et plutôt que d'être un moment immobiles, ils se livrent aux plus légers mouvemens du caprice de leur imagination.

> Ut silvæ foliis pronos mutantur in annos,
> Prima cadunt : ita verborum vetus interit ætas,
> Et juvenum ritu florent modo nata, vigentque.

L'homme travaille donc sans cesse à créer des expressions neuves. Si elles manquaient, la langue s'enrichit; si elles étaient inutiles, elle se corrompt; mais ces deux cas offrent la preuve de la capacité de l'homme pour inventer par degrés le nombre de signes nécessaires aux progrès d'une langue.

Lorsque les langues vivantes s'arrêtent, elles tendent à décliner, sans que les monumens écrits, qui portent aux siècles futurs la mémoire de ceux qui les ont précédés, puissent les mettre à l'abri du changement.

Le texte sacré des institutions religieuses, les ouvrages favoris et populaires, tels qu'Homère en Grèce, Shakespear en Angleterre, tendent à fixer la marche incertaine du langage; mais l'expérience nous apprend qu'ils ne la mettent pas à l'abri du changement.

L'écriture, qui établit des communications en tout

temps, en tous lieux, quoique moins universellement répandue que la parole, est devenue presque générale.

On peut attribuer aux mots autant d'origines diverses qu'il y a de races; mais l'écriture doit avoir été le résultat des travaux d'un petit nombre d'inventeurs; ou, en d'autres termes, il paraît que les hommes ont copié leurs caractères écrits d'après le modèle d'un petit nombre d'inventions originales.

Chez les nations européennes, anciennes ou modernes, il y a quelque analogie entre les lettres, surtout dans l'ordre de l'alphabet et le son des voyelles; mais si d'un regard nous embrassons l'univers, nous aurons la preuve que l'écriture a été découverte plus rarement que la parole, quoique inventée par divers peuples en différens temps (1).

Elle nous offre, ainsi que la parole, les effets constans du merveilleux talent de l'homme pour l'usage et l'interprétation des signes. Le caractère écrit est pour une nation le signe d'un mot; tellement que celui qui apprend à écrire les mots qu'il a appris à prononcer dans son enfance, trouve que sa tâche est plus que doublée.

Mais pour l'homme en général, le caractère écrit n'est pas l'image ou le nom de l'objet, mais la marque d'un simple son modifié suivant l'ordre des voyelles et des consonnes. Peu nombreuses, elles s'apprennent facilement, et leur combinaison infinie peut rendre tous les

(1) Histoire de Sumatra, par Marsden.

mots. Le mode d'écriture qui a dû se présenter le premier, est celui qui créait un signe pour chaque mot; le second, consistant dans la formation d'un alphabet, s'apprend plus facilement, et remplit mieux son objet, quoiqu'au premier coup-d'œil il paraisse s'éloigner du but.

Les facultés que l'homme possède pour communiquer avec ses semblables, sont les preuves les plus incontestables de sa destination à vivre en société, et même que cette société doit être universelle. La multiplicité des langues tend, à la vérité, à séparer les nations et à retarder l'époque d'une grande confédération; mais elle ne peut empêcher que les progrès des sciences et des arts ne deviennent la propriété du genre humain. L'homme peut apprendre toutes les langues, même celles qu'on ne parle plus, et cette faible barrière ne peut arrêter l'effort de son génie, impatient de tout connaître.

Chaque siècle perfectionne ce que le siècle passé n'a fait qu'ébaucher, et commence ce que le siècle futur doit achever; de sorte qu'en observant les dispositions sociales, et les forces coopérantes du genre humain, nous ne pouvons nous arrêter à cette simple ligne d'analogie, dans laquelle nous avons cherché la description de l'homme et celle des animaux. Ce qui suit offrira plutôt les contrastes qui existent entre l'homme et les animaux, que les points de correspondance et de similitude qu'il peut avoir avec eux.

SECTION V.

Différence de l'homme et des animaux.

Quid enim interest, motu animi sublato, non dico, inter hominem et pecudem, sed inter hominem et saxum, aut truncum, aut quidvis generis ejusdem?

CICERO.

Si nous considérons l'homme dans le rang que lui assigne sa nature active, ou dans le résultat de ses dispositions sociales, il ne paraît être qu'une variété du système vivant, malgré les facultés supérieures de communication dont nous avons parlé plus haut. Il partage dès-lors tous les principes des natures végétales et animales, et ils se manifestent chez lui, aussi-bien que chez elles, par des phénomènes extérieurs ou des effets apparens.

Mais il est un principe qu'il possède exclusivement, et qui établit la différence qui existe entre lui et les animaux, je veux dire l'intelligence ou l'esprit; principe qui a la conscience de lui-même, et qui agit dans la pensée, le discernement et la volonté.

Quant à ce principe, l'observateur peut réunir les apparences extérieures qui en résultent, ou les opérations nécessaires à son mode d'existence.

Les faits relatifs au premier cas constituent une histoire de l'espèce, comme peut le remarquer tout observateur indifférent; les faits relatifs au second constituent une hitsoire de l'esprit, et tout individu peut s'en assurer. Ces deux histoires sont essentielles pour avancer dans la connaissance de l'espèce humaine, et pour déterminer le rang qu'elle doit occuper dans le système de la nature vivante.

On serait tenté de croire, au premier abord, que les animaux sont doués de l'intelligence accordée à l'homme, si l'effet extérieur ne prouvait pas qu'il y a entre eux et lui une différence immense. On pourrait même supposer l'homme stationnaire, si nous n'étions pas instruits, par la variété de ses efforts et de ses succès, des inégalités dont il est susceptible, et de la route où il est engagé.

Pour bien connaître la nature humaine, il ne faut pas s'appuyer sur la conscience ou la réflexion d'un seul esprit, mais observer toutes les variétés que présente l'histoire de notre espèce.

L'homme est distingué des animaux, comme ils le sont entre eux, et par la structure de son corps, et par sa manière de vivre.

Au lieu d'avoir, comme les quadrupèdes, le corps placé parallèlement à la terre, et soutenu sur quatre appuis, l'homme ressemble à une colonne élevée sur une base étroite. Quelle que soit la position qu'il prenne pour se reposer, il est toujours prêt au mouvement, à l'observation et à l'expression; ses articulations et ses muscles lui permettent de prendre toutes les attitudes, et de les garder sans inconvénient et avec facilité.

Lui seul offre une différence dans la forme de ses mains et de ses pieds. Les premières secondent ses talens, servent à sa défense, et ajoutent à l'expression de la parole; les seconds assurent ses pas partout où il les dirige, en se prêtant merveilleusement à toutes les inégalités du sol. Les autres animaux ont quatre pieds ou quatre mains, selon qu'ils sont destinés à vivre dans les bois, à monter aux arbres, ou à marcher sur la terre.

La forme et la grosseur de la tête sont encore des différences très-remarquables. Un crâne large s'élève au-dessus de la figure, où semblent avoir été réunis tous les organes de perception et d'expression qui peuvent rendre fidèlement les opérations de l'esprit.

Le nez est un des traits qui ajoutent le plus à la noblesse de la contenance, quand l'individu ne parle pas.

Quoique les races d'hommes diffèrent beaucoup entre elles par la couleur et les traits, on les distingue toujours des animaux qui, d'après les gradations insensibles de la nature, semblent se rapprocher d'elles.

A cet aspect particulier, l'homme joint une condition et des facultés infiniment supérieures. Comparé aux autres animaux, il est partout le seigneur au milieu de ses vassaux, le maître de ses esclaves; si quelque espèce ne se plie pas à son joug et lui dispute l'empire, le combat, quoique dangereux pour l'homme, est toujours à son avantage, parce qu'il peut imaginer des moyens qui suppléent aux forces qui lui manquent.

L'homme n'est pas favorisé de la nature quant à la

taille, la force et les armes : il est, au contraire, d'une infériorité remarquable sous ce rapport.

Les animaux ont en général une constitution qui leur commande de vivre dans certains lieux ; la nature les couvre de poils ou de plumes pour les défendre du froid. Destinés à pourvoir à leur nourriture, à soumettre leur proie, à résister à leurs ennemis, elle leur donne encore des armes pour travailler, chasser et combattre. Chaque espèce a son instinct qui la dirige dans le choix de ses alimens et de sa retraite.

On s'étonne de voir que l'homme, parmi les grands animaux, soit nu, sans défense, en proie aux inconvéniens des divers climats. Comparativement aux autres animaux, il est trop faible pour résister, trop lent pour fuir ; il n'y a peut-être pas sur la terre un lieu qui produise spontanément les alimens qui lui conviennent ; et dans les expériences qu'il est obligé de faire pour y pourvoir, il est exposé à se tromper.

Mais la nature n'a point laissé sans compensation cette noble partie de ses ouvrages. Si elle donne le nécessaire aux animaux, et leur inspire l'instinct de leur conservation, elle a restreint en proportion leur liberté, limité leurs talens pour l'observation, l'invention, et le fini dans l'exécution de leurs ouvrages.

Tout secours semble refusé à l'homme, non pas qu'il y ait pénurie ou manque de ressource dans l'économie de la nature, mais parce que cette privation est le but d'un être créé pour se suffire à lui-même, destiné à faire sa fortune, à développer ses facultés; et quoique supérieur à tous les animaux, il reçoit ses premières leçons de l'intelligence elle-même, qui l'aide à compenser les désavantages comparatifs de sa nature animale.

L'animal, à peine né, est déjà prêt à remplir sa tâche; il prend les moyens les plus courts pour accomplir ses desseins, et ne se méprend jamais sur la fin et les moyens.

Dans tous leurs ouvrages, nous admirons souvent, avec justice, l'adresse des moyens et la perfection de l'exécution; mais c'est l'adresse de l'espèce, et non celle de l'individu, ou plutôt c'est la sagesse de Dieu, et non l'effet libre de l'invention ou du choix, dont l'être créé fait usage : sa tâche est prescrite, et il la remplit sans jamais se tromper.

Si on voulait comparer les individus pour connaître leurs différens degrés de capacité ou de génie; si nous comparions l'œuvre du maître avec ce que fait l'élève, et les productions d'un siècle avec celles d'un siècle antérieur, après un grand nombre d'années passées à faire des expériences, nous verrions les animaux dans une nature parfaitement fixe et stationnaire, et les derniers efforts de leur nature vivante nous paraîtraient semblables aux premiers.

Voyez l'oiseau, choisissant pour son nid la même place, les mêmes matériaux; voyez les insectes, dont les ouvrages sont d'une perfection infinie : que leurs premiers essais sont admirables ! mais quelle uniformité de perfection entre eux et les derniers !

La nature semble avoir donné aux animaux une impulsion primitive vers les moyens qu'ils doivent employer, sans leur donner une conception rationnelle du dessein pour lequel ils en usent. Dans l'homme, le fait a lieu tout autrement : les intentions de la nature lui semblent dévoilées et réduites en principes généraux de préférence ou de rebut, qui le dirigent dans la conservation et l'avancement de sa nature ; mais le choix des moyens est en grande partie laissé à son jugement et à ses facultés d'observation. N'ayant d'autre guide que son expérience, il est d'abord gauche et maladroit ; il continue à se tromper, jusqu'à ce qu'il ait été instruit par le sentiment de l'erreur qu'il a commise et du danger qu'il a couru.

L'Auteur de la nature semble avoir dit à l'animal : Je t'ai fait tel, tel tu seras et rien de plus ; à l'homme : Je t'ai donné l'intelligence et la liberté, je n'ai pas mis de bornes à ce que tu peux faire à l'aide de tes facultés ; comme tu jouiras du bien qu'elles te procureront, tu répondras de l'abus de leur pouvoir.

Tel est le résumé de la différence qui existe entre l'homme et les animaux ; différence très-importante à retenir dans tout ce qui se rapporte à cette matière.

Un auteur d'un esprit satyrique, en donnant la description d'une espèce animale imaginaire, à qui il a donné une figure humaine, prouve que l'homme, considéré dans le point de vue animal, est inférieur à tous les animaux (1).

Cette peinture nous choque sans doute, mais elle est vraie, si nous supposons l'homme livré à un appétit brutal, et doué d'une activité perpétuelle à chercher les moyens propres à le satisfaire, sans être arrêté par les conseils de la sagesse, ou le goût de sentimens plus nobles.

Le corps humain, qui présente le type le plus parfait de la beauté, devient affreux quand l'énergie de la vie lui est retirée. Son aspect vivant serait même odieux, si les douces expressions de la bienveillance et de la candeur étaient remplacées par la méchanceté.

Une créature humaine privée d'instinct déterminé et du guide de sa raison, occupée seulement à satisfaire ses appétits, sans candeur ni remords dans ses sentimens d'union ou d'inimitié, serait un monstre trop odieux pour que la nature puisse le supporter : de sorte que les écrivains qui supposent que l'homme a été originairement privé d'intelligence, et le rabaissent au niveau de la brute, ont en réalité donné à cette créature imaginaire un rang plus élevé que celui auquel elle a droit dans l'échelle des êtres (2).

L'intelligence n'est d'abord qu'une simple capacité

---

(1) Swift, Voyages de Gulliver.

(2) Rousseau, Origine de l'inégalité.

qui, sans les progrès qu'elle doit faire, remplacerait mal l'instinct; l'homme, supposé dans l'état naissant de ses facultés, privé des connaissances, résultats de l'observation et de l'étude; sans l'adresse, fruit de la pratique et de l'habitude; dénué de forces morales ou physiques, qui résultent de l'exercice, serait lui-même au-dessous de l'animal.

Mais, quoique inférieur dans ses premiers efforts, sitôt qu'il s'agite dans la carrière qu'il doit parcourir, il surpasse toutes les autres créatures par la variété, l'étendue de ses opérations, et l'excellence des ressources qu'il sait se créer. Il peut subsister, et traîner une vie précaire dans l'état le plus sauvage; mais il est si loin d'être stationnaire dans ses diverses situations, qu'après avoir fait des progrès pendant plusieurs siècles, il doit continuer à avancer, sinon il est exposé à décliner. Une fois parvenu au point qui lui paraissait être le sommet de la fortune, il ne l'atteint que pour être excité par de nouveaux objets, vers lesquels il se sent poussé par l'aiguillon de l'ambition, parce que celui de la nécessité ne peut plus lui servir. Si le désir du mieux venait à cesser tout d'un coup d'agir sur son esprit, il deviendrait négligent, il perdrait les avantages qu'il a acquis; sa fortune déclinerait, jusqu'à ce que le sentiment de ce qui lui manque vînt ranimer son industrie.

Comme les animaux sont moins capables de varier leur manière de vivre, la nature en a limité le nombre d'après les climats et les moyens de subsistance qu'ils leur offrent. Le chamois ne descend pas dans la plaine, l'amphibie ne quitte pas le rivage, l'aigle et le faucon planent sur les rochers; ceux qui naissent sous les zones glaciales ou torrides, n'aiment point à émigrer dans les zones tempérées, l'homme seul est né pour tous les climats, comme si l'univers lui avait été donné pour y exercer librement sa volonté.

Les objets qui se présentent à lui dans les diverses parties de la terre, les inconvéniens dont il se garantit, et les avantages qu'il rencontre, ne sont jamais exactement les mêmes dans deux situations semblables; il sait conformer aux circonstances ses recherches et sa manière de vivre. L'habitant des côtes devient marin et pêcheur, et celui de l'intérieur, berger et laboureur.

Dans toutes ces professions, le but est de pourvoir aux besoins de la vie animale; mais dans les ouvrages de l'homme, et la forme qu'il leur donne, il est des choses dont un spectateur ignorant de ce qui se passe dans l'esprit humain, ne pourrait comprendre l'usage. La structure de sa demeure, ses vêtemens, outre le nécessaire et l'utilité, doivent flatter aussi son imagination: il semble travailler pour l'œil et l'intelligence autant que pour ses besoins.

Entre tous les édifices qui exigent les plus grands frais et les plus grands efforts, on en voit qui ne sont pas destinés à lui servir d'abris, de demeures ou de remparts; ils sont dédiés à des *êtres invisibles*, et, seul entre tous les animaux, il semble tirer la preuve de *leur* existence de tous les phénomènes ordinaires ou particuliers de la nature.

Quand il se livre aux affections ou aux passions d'admiration ou de crainte qui se rattachent à ces objets, il prodigue ses forces, et s'attache scrupuleusement aux formes, si variables par leur nature, et dont les seuls principes de la vie animale ne peuvent donner aucune idée; de sorte que leur usage paraît souvent irrationnel et profane à ceux qui les observent (1).

La nature semble vouloir exercer la sagacité de l'homme par une variété de problèmes, et faire en sorte que l'espèce, en divers pays, ne se trouve pas dans deux situations précisément semblables; ainsi, les générations qui se succèdent dans les mêmes régions, doivent toujours agir dans des scènes variées, soit par le résultat de leurs propres opérations, ou de celles des siècles précédens. La découverte d'un siècle prépare une nouvelle situation au siècle qui lui succédera; et comme la scène change continuellement, les acteurs changent de direction et de mœurs, pour adapter leurs inventions aux circonstances dans lesquelles ils se trouvent placés.

Les hommes nus, vivans dans les bois, nourris de fruits et d'herbe, paraissent faibles, sans défense, et créés pour devenir la proie des animaux plus forts qu'eux; mais le temps vient compenser ces désavantages. L'homme, naguère sauvage, se couvre des dépouilles

(1) Profana illic omnia quæ apud nos sacra.

des animaux, et armé de la massue et de l'arc, il en devient la terreur; son adresse industrieuse le rend dangereux à ceux qui auparavant le surpassaient en force et en férocité.

Dans la marche de cet être variable, qui tend sans cesse à améliorer sa position, le poil des animaux se transforme en tissu, ses meubles se multiplient, sa tente se change en chaumière; le laboureur s'attache au champ qu'il a cultivé, et éprouve déjà les sentimens du citoyen: il compte sur le produit de la terre et sur son adresse, pour subvenir à tous ses besoins.

Son activité le porte à renouveler ce que l'usage a détruit; un désir inquiet le porte à s'assurer la propriété de ce que son travail lui procure. Dans l'exécution de ses ouvrages, il pense également à l'agrément et à l'utilité, soit dans la culture de ses champs, la construction de sa cabane, ou la forme de ses vêtemens; et bientôt on ne peut plus reconnaître dans sa personne les traces de cet état grossier et malheureux d'où l'espèce est partie.

D'après les variétés de l'art ou de la cause pour laquelle il est exercé, nous raisonnons sur l'homme différemment que sur les animaux. Sans nous rendre compte explicitement des différens effets qui doivent provenir du changement d'opinion ou de la liberté du choix d'un côté, et de l'instinct déterminé de l'autre, nous nous attendons à trouver des variétés entre les diverses nations, et de l'uniformité dans les animaux de même espèce. Il semble que nous croyons impossible que les mœurs des hommes soient pareilles en deux situations quelconques, tandis que l'animal ne diffère jamais de ses semblables. Le ramier, en Amérique, se perche sur les arbres, le lièvre s'enfonce sous la terre, et nous pouvons conclure que ces espèces sont les mêmes que celles d'Europe. Mais si une tribu américaine, par ses mœurs, ses cérémonies religieuses, se rapproche d'une nation du monde ancien, nous soupçonnons avec raison qu'il y a eu communication, et que l'une est sortie de l'autre (1); et nous trouvons autant de difficultés à rendre compte de l'uniformité des siècles chez les diverses nations, qu'à décrire les variétés d'une même espèce d'animaux.

Telles sont quelques-unes des apparences extérieures qui distinguent l'espèce humaine de l'animal; si nous les poursuivions jusqu'à la différence de nature d'où elles sortent, il faudrait considérer l'esprit lui-même, et on trouverait que ces différences de recherches et de résultats, d'erreurs et de méprises, viennent de la sagesse et de la folie dont il est capable.

De la simple différence du résultat, pour l'homme comparé avec les animaux, on peut établir une importante distinction de nature. Nous l'exprimons ordinairement par *raison* et *instinct*; mais la ligne de séparation que nous indiquons ici est loin d'être marquée clairement dans tous les cas.

---

(1) Voyez Lafitau, Mœurs des Sauvages.

Si par instinct nous entendons une propensité ou une disposition inspirée par l'Auteur de la nature, il y en a beaucoup dans l'homme; la raison elle-même est une faculté que nous tenons ainsi de l'Auteur de notre être.

C'est ce qui a fait souvent rejeter cette distinction, de sorte que le terme *instinct* est appliqué indifféremment aux penchans primitifs de l'homme et de l'animal.

Nous observerons par la suite que l'homme est doué d'instincts pareils à ceux des brutes, et nous indiquerons les exemples de ces directions primitives, inspirées par le Créateur; mais que, malgré les exemples répétés de ces penchans primitifs, la constitution de notre nature est essentiellement différente de celle des animaux!

Les brutes sont dirigées par leurs instincts dans l'usage des moyens, dont ils ignorent le but : l'homme est entraîné par son penchant vers un but de conservation ou d'avancement; il est doué de la faculté d'observer et de choisir lui-même les moyens les plus sûrs pour parvenir à ses fins. C'est ce qui produit l'uniformité entre les ouvrages d'une espèce d'animaux, depuis la première jusqu'à la dernière génération, et la variété infinie des matériaux et de l'exécution des hommes; pour atteindre le même objet.

En poursuivant le cours de nos recherches, nous reviendrons souvent sur cette distinction, et sur les propriétés essentielles de la nature qui s'y rattachent.

CHAPITRE II.

DE L'ESPRIT ET DE L'INTELLIGENCE.

SECTION PREMIÈRE.

Introduction.

BORNER nos observations sur la nature humaine aux seuls effets extérieurs de l'intelligence, serait ne vouloir connaître un corps que par l'ombre qu'il projette, tandis que le corps lui-même est en notre pouvoir et sous nos yeux. Quelque désagréable que paraisse ce travail à ceux qui sont accoutumés à n'examiner qu'à l'extérieur les sujets de la pensée, notre devoir est d'attirer l'attention vers l'intérieur et sur l'esprit lui-même, afin de découvrir les bases du pouvoir et du choix, qui sont pour nous d'un si haut intérêt.

L'esprit a la conscience de ce qu'il est, et c'est de ce point qu'il peut partir pour s'étudier et connaître sa nature. Les objets de conscience et de réflexion sont, comme ceux de perception et d'observation, des faits et des articles d'histoire naturelle.

Dans l'histoire de l'esprit, comme dans celle de tous les objets de la nature, on rencontre une multitude et une suite d'opérations particulières, que l'on peut distinguer par leurs différences, et classer suivant leur similitude. Au moyen de cet arrangement, elles sont placées dans un ordre compréhensible, sous des noms génériques et spécifiques, et on les discute aussi aisément que de simples argumens.

En vertu des lois de l'appréhension auxquelles nous sommes soumis, chaque opération se rapporte à la faculté qui la produit en agissant, et chaque faculté est rapportée à une substance dont elle est sensée être une qualité.

Tel est l'ordre de la nature, par rapport à l'appréhension des choses.

Les opérations de l'esprit sont en certains cas si semblables entre elles, que nous ne les rapportons pas seulement à une même faculté, mais que nous les considérons comme des répétitions de la même opération. Dans d'autres cas elles offrent tant de différence, que nous sommes forcés d'admettre qu'elles sont formées par des facultés entièrement différentes.

Nous raisonnons de la même manière sur les qualités, et jugeons que les substances sont semblables ou différentes, selon l'affinité et les oppositions des qualités qui les font connaître.

Les corps sont connus par leur solidité, leur impénétrabilité, leur inertie, ou leur résistance à tout changement de lieu, et nous pouvons ajouter aussi, par leur pesanteur. L'esprit est connu par la conscience qu'il a de lui-même, par sa volonté, et par sa faculté de concevoir les objets.

Il est naturel de distinguer les substances dont les qualités sont entièrement opposées; et si cette distinction est bien établie, on trouvera peut-être inutile, dans le cours de l'explication ou de la théorie, de résoudre les opérations de l'esprit en qualités de matière, de figure ou de mouvement.

Il est évident que, par l'usage familier que nous faisons du terme abstrait de substance, nous pouvons en raisonner sans y attacher une qualité particulière; mais nous sommes si éloignés de concevoir une substance dépouillée entièrement de ses qualités, que ce nom seul rappelle une chose impossible, que nous n'essayons jamais de résoudre dans notre imagination.

On ne peut concevoir ou s'imaginer des substances sans qualités, et c'est ce qui fait que nous attachons à chaque substance les qualités qui nous sont les plus familières. Ainsi l'extension, l'agrégation des parties, la solidité, qualités plus généralement senties par nos sens, se lient dans notre imagination à tout ce qui existe dans la nature : tellement que les objets qui nous sont connus par des qualités totalement différentes de celles-là, sont sensés en être doués, parce que nous les supposons essentielles à leur être.

C'est ainsi que, tandis que l'esprit n'est connu que par ses qualités de pensée et de sentiment, nous croyons nécessaire de lui assigner une dimension et un lieu; mais si, dans l'esprit, outre ses qualités de conception et de volonté, il faut encore avoir égard à celles de corps solide, nous répondrons que nous ne les connaissons pas assez pour en traiter dans cette histoire. Le microscope ne nous a pas encore instruit de la structure de ses parties ; les pensées se multiplient, et les connaissances s'étendent, sans augmenter sa masse ou altérer sa figure.

Quoiqu'une espèce de matérialisme se mêle à nos conceptions, nous devons nous réjouir de ce que l'esprit n'ait pas besoin de la qualité de corps pour exister. Les substances bien connues de la lumière, de la chaleur, et tout ce qui a lieu dans l'attraction des corps, la gravitation, le magnétisme, l'électricité, existent sans dimensions, solidité, ou impénétrabilité. Elles pénètrent l'espace occupé par les corps les plus solides : elles sont elles-mêmes pénétrées, ne font aucune résistance, et leur poids reste toujours le même. La lumière surtout, si prompte dans sa marche, sans repousser les corps qu'elle rencontre, pénètre les solides transparens aussi facilement que l'espace. La chaleur pénètre sans distinction les corps les plus rebelles, se mêle à leur substance, sans ajouter à leur pesanteur. La gravitation, le magnétisme et l'électricité ne peuvent être arrêtés par les corps les plus solides. Cependant certains corps sont plus ou moins perméables à cette dernière ; et, dans la répulsion, on peut concevoir le magnétisme et l'électricité comme un fleuve qui veut chasser tous les obstacles qui embarrassent son cours. Cela n'expliquerait pas encore leur force d'attraction, et ne peut s'accorder avec les observations faites sur la gravitation en particulier, qui, malgré l'énorme distance où elle est du point vers lequel elle se dirige, opère sur les corps en mouvement et en repos, et continue à accroître régulièrement leur rapidité.

Nous n'essayerons pas de prouver que les substances de la lumière, de la chaleur, de la force qui ralentit le mouvement, et de celle qui l'accélère, soient de même nature que l'esprit. Elles peuvent être des opérations de l'esprit, quoique nous ne connaissions pas autre chose de la qualité d'où elles dérivent, sinon que le dessein en est utile. Mais en considérant leur existence connue, distincte de la matière inerte et impénétrable, nous ne devons avancer qu'avec circonspection que les termes substance et corps sont équivalens, ou que partout où il y a mouvement d'un corps inerte, il n'a pu être produit que par le choc d'un autre corps.

Le vulgaire ne met pas en question la réalité de ce qu'il sent par ses sens, et s'il veut réaliser l'esprit, il se le représente comme une vapeur, une fumée légère : mais il doit reconnaître que l'existence de la sensation est plus évidente que cette forme matérielle, qui n'est connue que de seconde main par la sensation, si je puis m'exprimer ainsi ; il doit considérer l'esprit comme le premier et le plus certain des êtres connus. Ses sensations agréables ou désagréables, de même, sont les fins auxquelles il doit rapporter pour estimer la valeur ou la conséquence de chaque chose.

L'esprit est suffisamment connu par sa capacité de connaissance, de peine et de joie; et nous ne nous détournerons pas du cours de nos recherches, si nous considérons ces impressions comme existant dans une substance qui leur est propre, ou comme dépendant d'une matière étendue, supposée aérienne, subtile et flexible.

Si une certaine variété dans les opérations de l'esprit nous force à supposer une pluralité de forces ou de facultés actives; ou si nous sommes bien fondés à admettre la distinction des facultés, il serait absurde d'essayer, après cela, dans la théorie, de résoudre les opérations d'une faculté dans celles d'une autre: si les sensations et les jugemens, l'amour-propre et l'affection sociale, sont distincts, il serait absurde de faire du jugement une simple sensation, et de la bienveillance l'amour-propre.

L'esprit étant destiné à connaître et à agir, on classe généralement ses facultés sous les titres d'entendement et de volonté, ou, pour me servir de l'expression de Hobbes, « les facultés *cognitives* et *actives* ».

Les premières embrassent toutes les opérations qui se terminent par l'appréhension ou la connaissance.

Les autres renferment tous les principes de choix qui se terminent par la volonté.

Dans le premier titre, nous examinerons les sources de la connaissance, et les rapports de l'évidence avec les règles de la raison, qui nous leur font accorder ou refuser notre confiance.

On peut joindre à cela l'histoire de nos idées particulières ou générales, pratiques ou théoriques, ainsi que les opérations de la mémoire, de l'imagination, de l'abstraction, de la pénétration, de la sagacité, de la science et de la prévoyance.

Au titre de la *volonté*, nous considérerons les penchans primitifs ou acquis, la distinction du bien et du mal, l'empire souverain de l'esprit sur lui-même, sa détermination ou son choix.

SECTION II.

De la connaissance en général.

Parmi les traits caractéristiques de l'esprit, la *connaissance* est un des premiers et des plus importans. Considérée comme découvrant le but que nous cherchons à atteindre, et les moyens à employer pour y arriver, elle est pour l'homme, privé de l'instinct par, la seule règle sous laquelle il puisse agir.

Les animaux, ignorans, sans expérience, incapables d'observation, visent à leur but par un chemin certain, et y parviennent par les moyens les plus convenables. Ainsi l'abeille n'est pas plutôt sortie de la cellule où elle est née, qu'elle vole se joindre au jeune essaim, occupé à fonder une nouvelle colonie; cette multitude, sans expérience, se fixe dans le creux d'un arbre, et s'élance de cette nouvelle demeure pour chercher les matériaux qui doivent entrer dans la construction de ses cellules, qui sont toutes d'une similitude parfaite. Elle les remplit de miel, et trouve ainsi un abri et des provisions pour un hiver, qu'elle ne connaît pas encore. Si elle ne souffre pas de son ignorance, l'expérience d'une longue suite d'années ne lui profite pas davantage; elle n'a pas besoin d'instruction en commençant, et ne s'en sert pas par la suite. Nous pouvons donc conclure que la science n'est pas le principe ou le guide sous lequel les animaux sont destinés à agir.

Quoique l'homme agisse quelquefois comme les animaux, il procède la plupart du temps d'après la connaissance qu'il a du but et du choix de ses moyens. Il agit souvent d'après l'idée qu'il a d'un objet absent ou futur, de préférence à ceux qui frappent ses sens. Mais la *connaissance*, ou la juste conception des choses, est le premier et le plus nécessaire des élémens de sa nature active et intelligente.

Celui qui a vécu quelques années, sait que le temps se passe en jours, nuits, été ou hiver; mais il ne peut définir la *connaissance*, ni indiquer ce qu'il faut connaître, pas plus qu'il ne dirait ce que c'est que l'existence pour l'esprit.

La conception des choses est exprimée par le mot *idées*. On suppose que les idées sont des images, des types ou des copies, semblables à certains originaux, et qu'elles sont autres que les simples notions qui résultent de l'appréhension ou de la *connaissance* de ces originaux.

Il est difficile pour nous de quitter l'analogie de la matière, qui nous devient si familière par l'usage continuel de nos sens. Dans chaque langue, les opérations de l'esprit ont été exprimées par des images réelles ou métaphoriques; les notions ou les conceptions des choses sont appelées impressions ou images; et l'analogie sur laquelle ces métaphores sont fondées, est quelquefois prise, à tort, pour l'identité dans les natures confondues par le langage métaphorique.

Une secte de philosophes anciens voulait proscrire toutes les expressions de rhétorique dont nous nous servons, et traiter la notion ou l'appréhension mentale, comme l'image de la chose, dans le sens littéral.

Telles étaient les images ou les modèles des choses, qui, selon Démocrite et Épicure, s'envolaient continuellement de leurs substances, flottaient dans l'espace, pénétraient les organes des animaux, et par leur réunion dans le cerveau, produisaient toutes les diverses modifications de la sensation, de la pensée et de la volonté.

Nunc agere incipiam tibi quod vehementer ad has res
Attinet, esse ea quæ rerum simulacra vocamus,
Quæ quasi membranæ summo de corpore rerum
Dereptæ volitant ultro citroque per auras.

(Lucr. lib. IV, v. 33.)

Et Cicéron, en parlant de l'hypothèse épicurienne, dit : .... *Imagines, quæ* idola *nominant, quorum incursione non solum videmus, sed etiam cogitemus*. De Finib. lib. 1, c. 6.

Selon ce système, les pensées et les idées dont l'esprit a la conscience, ne sont réellement qu'une simple réunion de petites images qui lui viennent du dehors.

Cette opinion a été adoptée dans les temps modernes,

et répétée, sans qu'on indique s'il faut la prendre au figuré ou à la lettre. Ainsi Hobbes, qui penche vers le matérialisme et l'usage des figures corporelles, a frayé la route, et a été suivi presque aveuglément par Descartes, Mallebranche et Locke, quoique ces derniers aient eu plus de respect que lui pour la différence qu'il y a entre l'esprit et la matière.

Ces auteurs diffèrent un peu dans leurs méthodes; mais tous fondent leurs théories sur la substitution des images, ou, pour me servir de leurs expressions, des idées, à la simple appréhension des choses.

Hobbes avance l'assertion suivante, qu'il paraît croire évidente, et n'avoir besoin d'aucune preuve: « Nous de-» vons nous ressouvenir et reconnaître, dit-il, qu'il y » a continuellement dans nos esprits certaines images » ou conceptions de choses indépendantes de nous: tel-» lement que si un homme pouvait vivre après la destruc-» tion de l'univers, il en retiendrait l'image, et toutes » celles des choses qu'il y a vues ».

Dans cette hypothèse, les phénomènes de la mémoire et de l'imagination sont explicables, selon lui; « car, » dit-il, l'eau remue après qu'on y a lancé une pierre, » ou que le vent qui l'agite a cessé; de même ces images » se perpétuent dans l'esprit, après que la cause exté-» rieure ne se fait plus sentir, et sont appelées mé-» moire ».

Jusque-là, la différence entre les images de Hobbes et les *idola* ou *simulacra* de Démocrite et d'Épicure, parait petite. Quelques-uns ont changé le mot image en celui d'idée, terme emprunté à Platon, mais par lequel il n'exprimait aucune perception ou appréhension particulière, mais un modèle servant également aux conceptions du genre et de l'espèce (τὰ ἐν πολλοῖς), d'après laquelle les individus sont formés; au lieu que, par le terme idée, employé dans sa signification actuelle, nous entendons un type, une image, une représentation, ou bien une simple notion, une appréhension mentale, selon que cela convient mieux aux argumens que l'on prépare.

Dans le langage ordinaire, l'idée d'un objet est la même chose que la notion que nous en avons. Locke paraît cependant s'écarter un peu de cette opinion, quand il dit qu'il n'y a point de *connaissance* là où il n'y a point d'idée. Cela est très-vrai; mais si *idée* est synonyme de *notion*, il est ridicule d'observer que nous ne pouvons connaître un objet, si nous n'en avons aucune notion.

On peut citer un passage curieux de Mallebranche, pour donner un exemple de la substitution des attributs matériels aux spirituels, dans le dessein d'expliquer ces derniers : « Nous avons coutume, dit-il, de distinguer » deux facultés dans l'esprit, l'entendement et la volonté. » Il faut les expliquer; car il ne paraît pas que les notions » ou les idées qu'on s'en forme, soient assez claires. » Parce que ces idées sont abstraites et n'entrent pas » dans l'imagination, il nous semble convenable de les » exprimer par quelques images des propriétés de la ma- » tière, qui, s'imaginant aisément, rendront plus distincte,

» et même plus familière, la signification des termes en-» tendement et volonté ». L'auteur, après avoir donné quelques avis pour qu'on ne confonde pas les qualités spirituelles avec les matérielles, ajoute : « Les corps » étant susceptibles de figure et de mouvement, l'esprit » l'est aussi d'idées et d'inclinations. Les premières, » dit-il, sont ses figures, et les secondes, ses mouve-» mens, etc. etc. ».

Ces substitutions allégoriques ne sont pas mentionnées dans le dessein d'en poursuivre les applications, ou de tirer avantage de la facilité qu'elles semblent devoir donner à l'étude de l'esprit. Il serait difficile de concevoir le bien qu'on en peut retirer, si, lorsqu'en voulant expliquer un sujet, elles en détournent notre attention, et substituent même quelque chose à la place du sujet.

Hobbes, ainsi que Locke, ont fait de très-justes observations sur le langage métaphorique des images et des idées, surtout dans ce que l'un appelle la cohérence des pensées, et l'autre l'association des idées. Mais, pour qu'elles nous soient utiles, il faut se rappeler que le fait n'est pas une cohérence magique, ou une association de pensées, mais une habitude et une disposition de l'esprit, qui le porte à concevoir ensemble les choses qui lui sont présentées ensemble.

L'auteur des Recherches sur l'esprit (1) et des Essais sur les facultés actives et intellectuelles de l'homme, est

(1) Le docteur Reid.

digne de reconnaissance pour le dessein dans lequel il a entrepris cette histoire : mais en considérant le point où se trouvait alors la science, on lui trouve un mérite plus grand, celui d'avoir écarté le mélange des hypothèses et des métaphores qui enveloppaient le sujet, et de nous avoir appris à décrire les faits dont nous avons la conscience, en termes convenables au sujet. Nous le suivrons avec avantage, d'autant plus que, dans les premières théories, on a fait tant d'attention à l'introduction des images ou des idées, comme élémens de la science, qu'on a abandonné la croyance d'une existence extérieure ou d'un prototype, pour la tirer de l'idée et de l'image ; et cette déduction est si peu fondée, que beaucoup de ceux qui en ont examiné l'évidence, se sont crus en droit de la nier entièrement (1). De là, le scepticisme de certains philosophes, qui, ne voyant pas dans l'idée un accès facile pour arriver à la *connaissance*, nient la possibilité d'arriver au but, sans considérer s'ils ont pris la route véritable.

La réalité de la *connaissance*, quoique peu propre à être expliquée par une analogie matérielle, peut être admise avec certitude ; et les faits qui se rapportent à sa recherche, doivent être considérés comme une partie importante de l'histoire de l'esprit.

On fit peu de progrès dans la *connaissance*, tant que les hommes supposèrent que la science consistait à ex-

(1) *Voyez* Barkley et Hume.

pliquer les faits primitifs, que la nature nous a donnés sans nous en découvrir la théorie; tels sont, dans le système matériel de la nature, les lois de la gravitation et du mouvement. Jadis il était insensé de les expliquer; mais aussitôt qu'elles furent considérées comme parties fondamentales de la nature, et examinées, non sous les rapports de leur origine, mais sous ceux de leur application et de leur conséquence, la science fit de rapides progrès dans l'explication des phénomènes du système où ces lois jouent un si grand rôle.

Dans cette méthode, on se propose de rechercher, d'appliquer, et non d'expliquer les lois de la conception et de la volonté; de les considérer telles qu'elles sont dans l'homme, afin de nous rappeler, autant que possible, les bases du pouvoir et du choix, et d'indiquer l'édifice qu'on peut élever sur ces fondemens.

SECTION III.

Des sources de la connaissance, et mesures de l'évidence.

Les sources de la *connaissance* peuvent être ramenées à quatre titres, savoir: la conscience, la perception, le témoignage, et la déduction.

On peut appeler les deux premières primitives ou immédiates, parce que c'est d'elles que nous commençons à concevoir, et que nous nous instruisons par un recours immédiat au sujet de la *connaissance*.

Dans les deux derniers titres, la *connaissance* peut être appelée dérivée ou secondaire, parce qu'elle est obtenue par quelque milieu interposé, ou par des moyens autres que celui de faire simplement attention au sujet.

Si les sources primitives d'instruction étaient fermées, la *connaissance*, qu'elles sont destinées à développer, ne pourrait l'être d'aucune autre manière. Si, par exemple, une personne n'avait pas la conscience d'une passion ou d'une affection donnée, soit la crainte, soit l'amour, elle ne pourrait en avoir aucune idée; il est bien reconnu que les personnes qui n'ont aucune perception de la couleur et du son, les ignorent toute leur vie : au lieu que si nous sommes privés de témoignage, source de notre instruction, ou de données pour conclure, ils se peuvent remplacer mutuellement, s'ils ne le sont tous deux par une *connaissance* plus immédiate du sujet, dans l'observation ou la perception personnelle.

La conscience est l'attribut primitif et le plus essentiel de l'esprit. Elle est exprimée par *je* ou *moi*, et se place partout où ce pronom forme le sujet. L'esprit semble alors rendre compte de lui-même, et par ce moyen il particularise ou généralise, en suivant, dans l'examen des lois de sa nature, une marche parfaitement semblable à celle qui sert à traiter tous sujets d'observation, tels que l'histoire ou la science.

L'esprit, considéré sous le rapport de ses facultés communicatives et expressives, est le sujet des sciences de la grammaire et de la rhétorique. Sous le rapport de sa perception, de son penchant pour les recherches et le discernement de la vérité, il est le sujet de la logique.

Considéré sous le rapport des principes du choix, et de la faculté dont il jouit de distinguer le bien et le mal, et de sa capacité de jouissance et de peine, il est le sujet de la sagesse morale; et quand tous les articles de ces différentes espèces sont réunis, seulement comme les marques caractéristiques de sa nature, il devient le sujet de la pneumatologie, ou de la description et de l'histoire naturelle de l'esprit.

La *connaissance* tirée de la conscience par la réflexion, est la plus intime et la plus sûre. Elle consiste dans une conviction de la réalité qui, repoussant les doutes et les discussions, ne permet pas même qu'on mette en question si ce dont nous avons la conscience ne peut pas être autre chose que ce qu: nous nous figurons d'après le témoignage de la conscience. En d'autres matières, même celles de perception, il y a une instruction, et un sujet d'instruction que l'on peut déterminer séparément; mais, dans ce cas, le sujet et l'instruction qui en résulte, la pensée ou l'affection, et la conscience de la pensée ou de l'affection, sont inséparables. Ici, l'évidence de la réalité se trouve hors des atteintes du scepticisme; l'établissement du doute est une assomption dogmatique de l'existence de la personne et de la pensée.

En métaphysique, ou en mathématiques, on énonce des axiomes dont la vérité est non-seulement vraie, mais nécessaire; et c'est en quoi ils diffèrent des faits dont nous avons la conscience, qui, bien qu'établis d'une manière irréfragable par l'évidence, sont dans la nature des choses contingentes, ou ont pu l'être autrefois.

On peut demander en même temps si la totalité ou la plupart des axiomes qui ont l'évidence d'une vérité nécessaire, ne sont pas une sorte de tautologie déguisée, dans laquelle un sujet, répété en forme de prédicat, est affirmé par lui-même. Ainsi, ce qui *est*, *est*. Cet axiome tautologique peut être déguisé sous les expressions suivantes : Il est impossible qu'une même chose soit et ne soit pas ; ou : De deux propositions contraires, l'une doit être vraie et l'autre fausse. Une chose étant égale à une autre chose, elles doivent être égales entre elles. Prenez des parties égales, de choses égales, les restes seront égaux. On peut ajouter cet axiome, que chaque effet doit avoir une cause ; car, dans le prédicat, nous n'affirmons que ce que nous avançons dans le sujet, en disant qu'un effet pareil à un autre doit être également produit par une cause. Changez le but de l'existence, et il ne sera pas également nécessaire que toute existence ait une cause antérieure à elle-même.

Par la perception, nous connaissons les objets distincts et séparés de nous, et nous apprenons que nous ne sommes qu'une partie du système de la nature.

Nous apercevons dans notre constitution les organes suivants de l'odorat, du goût, de l'ouïe, de la vue et du toucher, qui, affectés d'une manière sensible, nous donnent les perceptions des objets extérieurs.

Un objet entier n'est pas primitivement compris par

la sensation d'un seul organe, quoique dans la suite, par notre expérience, nous n'ayons plus besoin, pour le connaître, que de quelques-unes des perceptions par lesquelles il est connu. Nous ne pouvons sentir, goûter, entendre ou voir la solidité d'un corps; mais en l'examinant avec le toucher, nous sommes instruits de sa dimension en longueur, largeur et profondeur. Nous connaissons les fruits par leur saveur, leur figure, et nous savons quelle serait notre sensation si nous les touchions. Le sujet d'une première perception remonte souvent à une seconde, à une troisième, et ainsi de suite, jusqu'à ce que nous ayons l'expérience ou la connaissance du système de la nature. Les parfums de l'air dans les soirées d'été, sont dus aux exhalaisons des forêts après une longue pluie. Un bruit particulier s'attache aux voitures, et le son lui-même est attribué à la commotion de l'air. Les solides peuvent être représentés dans un tableau, au moyen d'une savante distribution des ombres et de la lumière. Cependant ils peuvent être distingués des tableaux qui les représentent, avec le secours de l'œil; mais s'il y avait quelque doute sur leurs formes, on pourrait s'assurer de leur solidité par le toucher, et c'est peut-être par cet organe que nous parvenons à remonter des formes visibles des corps, à toutes leurs dimensions solides.

Pour certaine classe d'objets de la nature, la sensation du toucher est le moyen le plus sûr de nous instruire. Ne pouvant pas sentir, goûter ou écouter les dimensions solides d'un corps, un être qui n'aurait que ces organes ne pourrait concevoir l'étendue et l'impénétrabilité de la matière. Le toucher découvre la solidité et l'inertie du corps; mais le dernier degré de la perception dans les corps tangibles, est l'extension de la matière par la pression; et quoique quelques-uns pensent qu'on peut attribuer la solidité à une cause, comme on attribue le son à la vibration de l'air, cette cause inconnue est pour nous comme si elle n'existait pas (1).

Il y a dans la nature des sujets de perception que nous ne pouvons ramener même à ce dernier degré de réalité. La lumière frappe l'œil, et nous ne pouvons la toucher. La chaleur est tangible, et ce n'est pas au moyen de son inertie ou de la résistance solide que nous nous en apercevons. L'attraction dans la gravitation, et le magnétisme, sont perçus par leurs effets. L'électricité est perçue par sa lumière et par son explosion.

Les choses liées entre elles, dans la nature, sont perçues ou plutôt déduites les unes des autres. Leur liaison, comme l'a observé le docteur Reid, leur donne mutuellement l'effet des signes, et on peut les présenter, dans quelque ordre que ce soit, les unes pour les autres. Ainsi la cendre et le charbon sont les indices d'un feu récent, et les flammes qui s'élèvent des substances

(1) De ignotis et non existentibus eadem est ratio.

combustibles, indiquent une prochaine opération. L'apparence du corps est le signe de l'esprit ; la constitution animale de l'homme et la plupart de ses organes servent à exprimer les opérations de ses facultés intellectuelles. L'ordre ou la combinaison des moyens que la nature emploie pour atteindre son but, est le signe du pouvoir intelligent.

Dans la plupart de ces exemples, la perception approche de la nature de la déduction, et est plutôt une source d'instruction dérivée et secondaire, que primitive et immédiate. La mesure de son évidence varie, et perd peut-être de sa force quand elle passe de l'état d'une source primitive, à celui d'un moyen d'instruction conjectural et dérivé. Même dans le premier état, l'évidence de la perception n'est pas toujours égale : dans certains cas, nous l'admettons avec précaution, et continuons notre route à travers les apparences sensibles, afin de n'être pas trompés ; dans d'autres, on ne peut douter de l'évidence de la perception. Qu'elle soit douteuse ou certaine, c'est la seule lumière qui nous éclaire pour distinguer la réalité dans les choses extérieures : elle nous fait connaître la terre, le ciel, les élémens, la propriété, les avantages, les pertes, enfin tout ce monde extérieur ; et celui qui rejetterait son évidence, serait réduit à se croire seul dans l'état d'existence ; tellement que si son esprit n'est pas dans un état de folie, il est déjà bien avancé sur la route.

Une personne peut douter qu'un corps ait l'existence

qu'elle lui suppose; mais celui qui connaît la valeur des mots, n'en niera jamais la réalité.

Dans la conviction intime qui accompagne la perception des objets extérieurs, la vérité ne paraît pas nécessaire, et la réalité peut être différente de l'apparence que nous percevons. En traitant des lois de l'évidence, nous aurons peut-être occasion de rechercher la maxime de la sagesse par rapport à la perception.

Le témoignage nous apprend ce que les autres ont appris par la perception. Alors il y a un échange volontaire et mutuel, qui consiste à donner et à recevoir l'instruction. Cette partie de notre nature sociale est très-importante ici, et le deviendra encore plus lorsque nous aurons à déterminer les obligations de la bonne foi et de la vérité dans les contrats et les discours des hommes.

Une grande partie de ce que nous savons vient de cette source; on y peut rapporter tout ce que nous apprenons dans les livres, l'histoire, ou dans les entretiens. En fixant la valeur de cette instruction, il est important d'observer que le témoignage ne peut nous présenter de nouvelles combinaisons, avant que la conscience ou la perception ne nous en ait appris les particularités et les parties constituantes. La combinaison peut être nouvelle, mais elle doit être composée de parties déjà conçues. Des mers de lait et des vaisseaux d'ambre seraient des choses nouvelles et étranges; mais la mer, le lait, l'ambre, le vaisseau, doivent avoir été conçus d'avance, pour qu'on se permette d'employer une telle fiction. Là où manque cette conception préliminaire des élémens, il est inutile de chercher à nous instruire du sujet en énumérant ses parties ; ce serait nous parler une langue inconnue. Un voyageur nous décrit un pays, ses montagnes, ses forêts, ses plaines, et les animaux qui lui sont particuliers, il peut même en décrire d'imaginaires ; mais en connaissant les mots qui peignent ces particularités, nous le suivons dans toutes ses descriptions. Ce fait est important, et on y doit faire attention, en attribuant à leurs sources véritables les avantages que, d'une part, on tire de l'observation personnelle et de l'expérience, et, de l'autre, du grand accroissement de connaissances qu'on reçoit des livres. Un traité des couleurs lu à un aveugle lui serait inutile ; et peut-être qu'en cherchant à s'en rendre compte, il les rapporterait à quelque conception de son. Le sourd à qui on parlerait du son, penserait à une couleur dont il a la perception ; et c'est ainsi qu'en lisant des sujets dont nous ignorons les parties constituantes, nous substituons quelque chose en place de ce que le livre rapporte ; de sorte que nous n'en recevons aucune instruction. Une personne qui n'aurait jamais vu de troupes en bataille, ne retirera aucun fruit des Commentaires de César, ou des Mémoires de Turenne.

Le témoignage, dans les tribunaux, est une première source d'instruction, à laquelle on attache une haute idée d'évidence ; tellement que les termes *témoin* et *évidence* sont employés indifféremment. Et même, quand les circonstances sont admises à faire preuve, c'est qu'on les prend dans la déposition des témoins.

Nous supposons le témoin loyal et pur, comme le miroir qui répète l'image qu'on lui présente; mais l'évidence du témoignage est si inférieure à celle de la perception, qu'elle ne peut faire cesser tous les doutes : on examine l'état du témoin, sa capacité d'observation, et les précautions qu'il a prises pour ne pas être trompé; sa véracité, les circonstances qui ont pu l'induire en erreur, l'intérêt qu'il peut avoir à en imposer, et s'il est capable de résister à la séduction.

Les termes *croyable*, *douteux* ou *incroyable*, semblent s'appliquer particulièrement à cette espèce d'évidence; la croyance ou la méfiance en sont les effets particuliers. Les circonstances qui fortifient la confiance qu'on accorde à un témoin, sont sa véracité, l'absence des causes qui pourraient le porter à altérer la vérité, une déposition contraire à son intérêt personnel, et mille autres nuances qui peuvent porter la conviction au plus haut degré.

Les circonstances qui militent en faveur du témoin ou contre lui, peuvent se présenter de manière à tenir le juge en suspens; quelquefois même elles lui sont assez défavorables pour faire perdre toute espèce de confiance en ses dépositions.

La croyance et l'assentiment dus à un témoignage digne de foi, expriment le degré de confiance que nous attachons à une opinion vraisemblable; mais ils sont trop imparfaits pour avoir le même effet que la conscience ou la perception. Dans ces dernières, l'évidence et la conviction sont inséparables. Si nous disons que nous connaissons une vérité dont nous avons la conscience ou la perception, cela suffit pour entraîner la conviction. Des recherches sur la croyance, la conscience, l'évidence de la perception, paraîtraient déplacées ici, et pourraient faire mettre en question des choses où la nature n'admet pas même le doute (1).

La déduction est encore une autre route pour arriver à la connaissance. Par elle, nous tirons, des faits ou des circonstances admises préliminairement, une instruction plus complète, et dont nous serions privés sans son secours.

Les faits ou les circonstances admises sont dans la conscience, la perception, le témoignage ou les connaissances préliminaires; on les nomme *données* ou *prémisses*, tandis que ce qui en est déduit s'appelle *conclusion* : et l'évidence est proportionnée à celle des prémisses, et à la liaison qui nous porte à tirer la conclusion. L'évidence de la déduction ou de l'argument sera partagée entre la conscience, la perception ou le témoignage, selon que

(1) Nous ne devons pas dire, avec le sceptique, que la nature nous a donné les idées ou les impressions des choses, et nous a laissé à conclure la réalité de l'objet : elle nous a donné la perception, c'est la connaissance de l'objet.

les prémisses dériveront de l'une de ces sources. Elle s'obscurcira avec les prémisses; et même, ces dernières étant certaines, elle deviendra douteuse à mesure que la liaison entre les prémisses et la conclusion sera sujette à discussion.

Les choses sont liées dans la nature comme la cause et l'effet, le général et le particulier; et c'est sur la variété de ces liaisons que la déduction des diverses évidences est fondée. Nous déduisons l'effet d'une cause donnée, et la cause d'un effet donné. Nous déduisons de la pesanteur de l'air quelle doit être dans le baromètre la hauteur d'un fluide donné, et nous savons par cette hauteur quelle doit être la pression atmosphérique dans le moment présent.

Nous déduisons les faits particuliers d'une loi générale de la nature ou d'une description générique, et classons les individus suivant les genres auxquels ils appartiennent. D'un nombre suffisant de faits, nous déduisons une loi de la nature; et d'un grand nombre d'individus marqués des mêmes qualités, nous déduisons une description générique.

A l'aide d'une ou de plusieurs circonstances observées collectivement, nous arrivons au tout; et de l'apparence générale d'un objet, nous déduisons quelques parties séparées. Le mathématicien raisonne d'après ses définitions; le jurisconsulte, d'après les coutumes et les lois de son pays; le métaphysicien, d'après l'idée première qu'il a de l'Être et de ses attributs; le physiologiste, par l'énumération des faits, parvient à connaître une loi de la nature, ou, pour expliquer un phénomène particulier, y applique une loi déjà connue ou déterminée.

SECTION IV.

Des lois ou règles de l'évidence.

Parmi les avantages de la nature humaine, outre un caractère déterminé, il faut compter un jugement que rien ne peut tromper dans le discernement de la vérité. Ces avantages se lient entre eux; le caractère est soutenu par la juste conception des choses, et si nos conceptions sont obscures ou fausses, notre esprit en doit souffrir.

L'usage particulier du discernement par rapport à ce que nous admettons comme des vérités, peut être considéré comme un article de sagesse et une branche de la science morale; mais, comme nous avons cet intérêt en vue en raisonnant ou en agissant, il sera convenable d'en parler ici, ou immédiatement après les faits qui se rattachent à l'examen des sources de la connaissance.

Les erreurs auxquelles nous sommes exposés en admettant ou en rejetant l'évidence, peuvent résulter d'une entière crédulité ou d'un scepticisme absolu. Si nous sommes crédules, les apparences et les rapports passent devant nos yeux, sans que nous nous attachions à les distinguer et à les discuter. Pour le sceptique, chaque opinion est un sujet de dispute, et on désespère de la connaissance, au lieu de prendre les précautions nécessaires à la recherche de la vérité.

Pour nous garder de la première de ces erreurs, nous devons distinguer ce qui tient à l'ordre de la nature, et avoir recours, pour l'appui des opinions, à l'évidence qui doit les accompagner naturellement, si elles sont vraies.

Nous ne devons pas nous en rapporter à l'attestation des autres sur une vérité, parce que, si elle est telle, nous en avons la conscience et la perception. Il ne faut pas croire, sur la déposition d'un seul témoin, une vérité que beaucoup d'autres peuvent attester.

Quelques-uns, affectant d'assurer les bases de la connaissance, ont avancé cette maxime, qu'aucun fait, aucune opinion ne doivent être admis sans l'évidence. Cela est entièrement vrai, mais il faut expliquer l'évidence pour faire de bonnes applications de cette maxime.

Si par évidence nous entendons une cause suffisante de connaissance, la conscience et la perception seront, de préférence à toutes les autres, les bases de l'assentiment ou de la conviction : mais si le terme *évidence* est restreint à une cause particulière de croyance, telle que le témoignage ou l'argument, il faut rejeter la maxime; car on peut admettre comme vraies beaucoup de choses qui ne peuvent être confirmées par le témoignage ou l'argument.

Tout ce dont nous avons la conscience et la perception, a une évidence antérieure à l'argument ou au témoignage; et c'est en partant de prémisses ainsi connues, que nous disposons l'argument de manière à en tirer les conclusions les plus certaines : mais comme le témoignage a usurpé le nom de l'évidence devant les tribunaux, l'argument ou l'induction ne l'ont pas moins usurpé dans les discussions de la science ; et on suppose que la maxime qui commande de ne recevoir aucune proposition sans évidence, est censée reconnaître la nécessité de l'argument pour appuyer toutes les vérités.

De là, Descartes crut nécessaire de poser un argument pour prouver sa propre existence, avant de procéder à traiter quelque sujet que ce fût. Cette application limitée du terme *évidence* est peut-être, plus que l'on ne pense, la cause de ce scepticisme qui, s'il n'attaque pas l'assentiment en matière de conscience, se rejette sur la perception ou sur quelques autres des faits les plus évidens.

Il est certain que la force d'un argument consiste en grande partie dans l'évidence des prémisses ou des vérités connues antérieurement, ou mieux connues que la conclusion qu'on en veut tirer. Et pour cette raison, tout ce qui est connu aussi bien ou mieux que les prémisses dont nous nous proposons de tirer la conclusion, ne peut être établi par argument. Le sceptique, qui veut que chaque assomption s'appuie sur des argumens, doit commencer à douter là où la vérité est dans toute son évidence.

C'est probablement dans ce sens limité du terme, que

le sceptique exige l'évidence avant d'admettre les perceptions des sens. En décidant sur la vérité de la perception, nous examinons souvent les impressions d'un sens au moyen de celles d'un autre sens; et quand l'observation est incertaine, nous la répétons en appelant à notre aide tous les organes compétens. Après tous ces efforts, lorsque notre perception est déjà claire et déterminée, nous n'avons plus d'autres ressources, et il ne nous reste plus aucune de ces données antérieures sur qui fonder la vérité de notre perception.

En admettant la maxime qui veut qu'on ne reçoive aucune instruction nouvelle sans l'évidence qu'elle doit avoir si elle est vraie, nous devons admettre aussi la converse; c'est-à-dire que, dans les matières de notre connaissance, sur lesquelles on nous demande notre décision, l'instruction que nous donnons doit être regardée comme digne de foi, lorsqu'elle est appuyée de toute l'évidence qu'elle a si elle est vraie. Ce qui n'est point tombé sous notre perception, doit être admis sur le rapport croyable d'un autre. On peut admettre ou rejeter ce qui ne s'est pas passé devant témoins, selon les circonstances qui servent à repousser ou à prouver le fait. Rejeter un moyen d'instruction, serait fermer l'esprit à la connaissance; et négliger le guide que la nature nous a donné pour nous diriger dans la vie.

Le scepticisme sans doute, en diminuant la crédulité, peut défendre de quelques erreurs; mais porté à l'extrême, il dégoûterait l'homme de la recherche de la vérité, suspendrait les progrès de la connaissance, et frapperait de paralysie toutes les forces mentales de spéculation ou d'action.

Le sceptique affecte quelquefois de distinguer la spéculation de l'action. Dans la première, il met en doute l'évidence de la sensation ; en pratique, il l'admet avec la plus parfaite confiance : mais dans la science, les spéculations sont peu importantes, si elles n'ont pas rapport aux sujets que l'on traite, et si elles ne préparent pas l'esprit au discernement des matières sur lesquelles il faut prononcer et agir dans le cours de la vie humaine.

Essayons de résumer la loi de l'assentiment ou du doute, par rapport aux deux extrêmes de la crédulité ou du scepticisme : « Autant il serait absurde de croire » sans l'évidence, ou de vouloir paraître instruit des » choses que la nature ne nous a donné aucun moyen » d'apprendre ; autant il serait dangereux, dans des ma» tières importantes, de ne pas employer les moyens » d'instruction que la nature nous a donnés ».

SECTION V.

De l'Observation.

Il est probable qu'il n'existe qu'une même perception ou conscience pour tous les hommes, du moins tant qu'ils possèdent les mêmes sujets de conscience et les mêmes organes. Il y a cependant une espèce d'intelligence subséquente, dans laquelle les individus paraissent différer beaucoup.

Nous avons souvent la conscience et la perception de choses que nous laissons échapper à notre *observation*. Cet acte de l'esprit présuppose une conscience, une perception, une instruction, de quelque manière qu'elles nous arrivent; il est aussi l'acte volontaire d'un esprit attentif à ne laisser rien échapper de ce qui peut exciter sa curiosité, lui servir, ou mériter son attention.

Il est probable que les esprits diffèrent originairement par rapport à cette qualité, et que ceux qui la possèdent au plus haut degré, sont censés doués d'une intelligence parfaite, ou au moins censés faire de leurs facultés l'emploi le plus noble.

L'observation est le premier effort volontaire que fait notre nature, portée à saisir les différences des choses; et la privation de cette faculté détruit les avantages qu'on en peut tirer. Si, en jetant un coup-d'œil sur les objets qui nous environnent, et sur leur état par rapport à nous, nous ignorons leurs conséquences, et ne sommes point préparés à paraître sur la scène où nous devons agir, le cours de notre vie ne sera qu'une suite d'erreurs, de folies et de désappointemens.

Si nous n'observons pas les qualités caractéristiques qui servent à distinguer et à classer les sujets, le monde, par rapport à nous, reste dans un état de confusion et de chaos. Si nous laissons échapper les plus importans rapports de l'action et de la passion, qui entrent dans les différentes parties de l'ordre vivant de la nature, nous restons insensibles au spectacle admirable que nous offre l'univers, dont la contemplation doit nous faire découvrir l'exercice le plus noble et le plus utile de nos facultés.

La nature, à la vérité, a placé dans notre route un grand nombre de sujets d'observations; et malgré le peu d'usage que nous faisons de notre raison dans ces cas particuliers, malgré notre ignorance et notre négligence pour des matières qui, au premier abord, ne frappent nos sens d'aucun plaisir ni peine, peu de choses sont assez indifférentes à l'homme d'une intelligence ordinaire, pour ne pas attirer un peu son attention. L'importance d'un objet particulier, communiquée par la perception, conduit l'observation à tout ce qui s'y rapporte; et même les choses qui nous échappent lorsqu'elles sont présentées séparément, paraîtront frappantes dès qu'elles seront mises en comparaison ou en opposition les unes avec les autres. La multiplicité et la ressemblance, la variété ou la diversité des objets qui se présentent dans le système de la nature, nous encouragent puissamment à l'observation et à la pensée.

Tout ce qui a rapport à nous, soit pour nous nuire ou nous donner des avantages, devient un objet de passion, d'aversion et de désir, et n'échappe qu'à l'observation de ceux qui n'en connaissent point encore la force.

L'inattention est corrigée par l'expérience; et ceux

qui y sont sujets, sont longs à former un dessein concerté d'observation et d'action. L'homme est destiné à agir d'après un dessein, et à prévoir le futur d'après l'observation du passé. Il a conçu le rôle qu'il va jouer, et souvent il s'en laisse écarter par des incidens imprévus. Il est destiné à choisir et à poursuivre avec intention les moyens qui doivent le faire parvenir à son but. Il s'occupe d'un sujet important, quand même il ne s'est pas présenté à ses premières observations; il est destiné à construire l'édifice de la connaissance ou de la science, par rapport à sa nature et à celle des autres, dans une forme que des apparences légèrement examinées n'auraient jamais inspirée à sa pensée.

De notre temps, les hommes ont perfectionné leurs observations par la méthode expérimentale dans l'étude des choses visibles et mécaniques; méthode inconnue au monde auparavant. Ils ne se sont pas contentés d'observer ce que la nature présente dans son cours ordinaire; ils ont imaginé de nouvelles circonstances, et ont varié les événemens où se répète l'opération à observer, afin que la variété qu'elle y présente les conduisît à distinguer la cause qui la fait naître. Dans une expérience, on suppose qu'une cause opère seule et d'elle-même, sans le concours d'une autre; dans une autre, la cause en question est entièrement exclue, afin de conclure de l'effet dans un cas, et du manque d'effet dans un autre, jusqu'à quel point le phénomène en question procède de la cause alléguée. Ainsi, dans les expériences de Torricelli et de

Pascal, la pression de l'atmosphère sur la surface d'un fluide, dans lequel on plonge un tube renversé, fut admise ou rejetée; l'expérience fut répétée avec des fluides d'une différente pesanteur spécifique. De tout cela on conclut que la colonne suspendue réglait sa marche sur la pression de l'atmosphère, et que, dans les différens fluides, comme l'eau ou le mercure, elle était telle, que cette pression pût la contrebalancer. Dans de pareils essais, l'action d'une cause qui, dans le cours ordinaire des choses, aurait pu échapper à l'observation, fut exposée clairement, et de manière à écarter la possibilité du doute ou de l'erreur. Le phénomène de la succion était connu généralement, et la pompe fut construite pour obtenir son effet; mais la cause en resta cachée jusqu'à ce que les expériences de Torricelli la missent au jour. D'autres branches de la science ont atteint les plus grands développemens par une suite d'expériences concertées: on en voit des exemples dans les théories de la lumière et des couleurs, par Newton; de l'électricité, par Franklin; et de la chimie, par Black, Lavoisier, et d'autres hommes savans.

Cependant cette méthode d'observation ne peut pas être suivie dans l'étude de la nature humaine ou des choses humaines, comme on le fait dans certaines parties du système matériel. L'homme n'est pas assez maître de son semblable pour s'arroger le droit de l'exposer à une expérience dont le résultat peut être malheureux et fatal; personne ne veut en faire sur soi. Mais dans la nature de l'homme, où les opérations de chaque principe, soit d'affection, soit de passion, sont connues à l'esprit, et où les circonstances dans lesquelles elles opèrent actuellement sont assez variées dans le cours ordinaire des choses, l'usage des expériences n'est pas également nécessaire.

Les hommes ont assez varié leurs essais sur l'extérieur, tels que la diversité des mœurs et les formes de la politique. Chacun d'eux peut observer de lui-même l'effet de ces variations, soit qu'elles mènent au bonheur ou à l'infortune; et s'il erre, ce n'est pas le défaut d'expérience qui l'égare, mais ces opinions adoptées d'avance et sans examen, et que l'on conserve lors même qu'elles sont en opposition avec l'expérience que l'on vient d'acquérir.

C'est pour cela que nous devons non-seulement exercer les facultés de l'observation, mais acquérir aussi cette force d'esprit qui peut lui donner l'effet qu'elle doit produire. Il n'y a pas un intérêt humain sur lequel l'esprit le plus lourd n'ait déjà formé son opinion; et les opinions, transformées en pensées, même habituelles, ne donnent pas ouverture à la conviction. Elles peuvent être supplantées par une habitude de penser différente ou contraire; mais souvent elles nous portent à nous défier de l'instruction, de la connaissance, ou même de la conviction. Il n'est pas besoin d'en citer d'autres exemples que celui d'une personne qui, quoique convaincue que tous les contes de revenans et d'apparitions qu'elle a lus sont fabuleux, tremble d'entrer la nuit dans un cimetière ou dans un caveau.

SECTION VI.

De la mémoire.

Comme l'observation est la mesure de l'attention accordée aux sujets passés, présens ou à venir, de même, la mémoire est la possession continue, ou la faculté de nous rappeler ce que nous continuons à savoir d'un sujet déjà perçu.

Quoique dans les titres séparés d'entendement et de volonté, nous paraissions avoir adopté une distinction suffisamment exacte, en excluant de l'un la passion, l'affection, ou les penchans actifs; et de l'autre, tout acte d'appréhension ou de conception qui constitue la simple connaissance: toutefois, en traitant des faits partculiers, nous devons nous rappeler que les opérations énumérées sous l'un et l'autre titre ne sont pas les parties séparées d'un sujet divisé, mais les opérations et les fonctions occasionelles et souvent réunies d'une seule et même faculté. Le même esprit qui recherche la possession d'un objet déjà connu, en recherche aussi la connaissance; et l'entendement, antérieur à l'impulsion de toute affection particulière, est dirigé par un penchant actif que nous nommons *curiosité*.

Comme l'observation est l'énergie de l'esprit, de même la mémoire est une fonction active qui s'empare contituellement des sujets de connaissance : elle est modifiée par une variété de penchans et de dispositions primitives. Nous sommes disposés à retenir ce que nous avons observé ou connu, à nous rappeler les faits dans la même combinaison et dans le même ordre qu'ils se sont présentés. De là vient que l'unité d'un sujet, quoique divisible en plusieurs parties, est accompagnée chez nous de l'unité de conception.

Cette importante loi de notre nature est appelée par Hobbes, la *cohérence des pensées*, et par Locke, l'*association des idées*. Ses phénomènes sont d'une haute importance dans les recherches contemplatives et actives de l'esprit. Dans tout acte de contemplation, comme dans les fonctions de la mémoire en particulier, nous sommes disposés à lier les sujets de nos pensées comme nous les trouvons liés dans la nature, soit par contiguité de temps ou de lieu et de ressemblance, ou bien par les rapports les plus importans, ceux de la cause ou de l'effet.

La simple contiguité de temps ou de lieu est une liaison accidentelle ; mais en passant d'un sujet de pensée à un autre, nul ne peut résister à son effet, même celui qui est instruit de l'autre rapport des sujets, qui est beaucoup plus important.

La vue d'une chose ranime la mémoire de beaucoup d'autres, qui ne s'y rattachent en aucune manière. La vue d'une personne qu'on connaît, nous rappelle l'endroit où nous l'avons connue, ou cet endroit nous rappelle cette personne ; et plusieurs nous ont dit que sans retenir l'expression et l'esprit d'une page qu'elles avaient lue, elles pouvaient, par la simple contiguité des mots, répéter un passage quelconque: c'est ce qu'on appelle posséder les choses par routine, et sans entendre ou comprendre leur nature. C'est cependant un talent dont on peut tirer parti, et on doit l'estimer autant que tout ce qui peut être utile.

La similitude, à un certain degré, est le rapport des différentes espèces du même genre; et à un degré de plus, c'est le rapport qui existe entre les individus d'une même espèce. C'est de ces similitudes que dépend l'ordre de l'histoire descriptive, et c'est sur cet ordre que la compréhension de la pensée et l'effet de la mémoire peuvent être fondés.

Le rapport qui existe entre la cause et l'effet, et dont nous avons primitivement la conscience dans les efforts de l'esprit et le but de ces efforts, est censé exister dans la concomitance d'autres sujets et d'autres événemens. Quand on peut rapporter plusieurs effets à une même cause, on les dit compris; ils sont retenus dans un seul acte de compréhension ou de mémoire, et, dans ce cas, le souvenir consiste à continuer à comprendre ce qu'on a déjà compris.

C'est l'ensemble de ces faits qui doit nous faire sentir le grand avantage de l'ordre dans l'arrangement des détails, pour en faciliter la mémoire. Quand les choses qu'on doit se rappeler, en quelque nombre qu'elles soient, sont placées de manière que le rapport de contiguité concoure avec ceux de similitude, de cause et d'effet, et conduise la mémoire de l'un à l'autre, la tâche de la mémoire peut être remplie avec facilité.

En remplissant cette tâche, nous profitons de l'ordre dans lequel les choses nous ont été exposées, et nous essayons de passer, des choses qui sont dans notre mémoire, à celles que nous voulons nous rappeler; on peut nous demander, au sujet de ce souvenir ou de cette mémoire intentionnelle, dans quelle intention nous voulons nous rappeler ce que nous avons oublié.

L'intention, dans chaque circonstance, emporte la conception de ce qui est projeté; et la conception d'une chose passée étant le souvenir de cette chose, rendrait l'intention inutile pour se la rappeler.

Il y a dans la pensée un mystère que ne peuvent éclairer aucunes des images corporelles qui servent à l'exprimer. Ce n'est pas un type, une impression ou un tableau; car toutes ces choses sont particulières, et contiennent à la fois toutes les parties qui les composent; et la présence d'une de ces parties est équivalente à la présence du tout. L'intention de se rappeler quelque chose, est un effort que fait l'esprit pour examiner de nouveau les détails d'un sujet dont on a conçu quelque effet ou quelque circonstance concomitante, qu'on emploie comme un sentier qui peut conduire à comprendre le tout.

Les hommes diffèrent beaucoup entre eux dans la mesure de cette faculté : elle est liée avec l'entendement ;

car les hommes retiennent long-temps ce qu'ils ont bien compris; elle est liée aussi avec l'observation, et la mémoire a toujours une force égale à celle avec laquelle on a observé les sujets de pensées.

La mémoire, comme les autres opérations de l'esprit, est modifiée par les différens états de la constitution animale. Dans l'enfance, elle est bornée et de courte durée; c'est pourquoi les événemens de cette époque de la vie ne restent pas dans la mémoire du jeune homme ou de l'homme fait. Mais les événemens de ces deux âges restent gravés, même dans la vieillesse, tandis que ce qui se passe dans l'extrême vieillesse se retient difficilement d'un jour à l'autre.

En rendant compte de ces phénomènes, nous avons souvent recours aux comparaisons mécaniques et à l'analogie des impressions sur des corps durs, mous, ou d'une consistance intermédiaire. On peut comparer l'esprit à une cire trop liquide pour retenir, ou trop coagulée pour recevoir des impressions. Dans l'enfance, la matière est trop molle, s'ouvre facilement aux impressions, mais elle ne les retient pas; dans la vieillesse, elle durcit, garde les impressions déjà acquises, mais n'en reçoit pas de nouvelles; dans l'âge mûr, elle est propre à recevoir et à conserver les impressions. Nous découvrons en cela un parfait modèle des théories analogiques, ou des explications de l'entendement humain, fondées sur des comparaisons qui peuvent passer pour des allusions poétiques, mais qui, dans la science, ne servent qu'à confondre l'état des natures opposées ou différentes.

Nous avons la conscience de la mémoire, comme de la perception, dans le sens propre du mot; et quoique nous sachions que la perception n'est obtenue que par l'intervention des organes animaux, et que la mémoire est liée à la constitution animale, nous ne savons cependant pas ce qui les constitue. La perception et la mémoire sont des efforts actifs de l'esprit, et ne sont pas de simples figures des mouvemens imprimés sur le corps. Cette distinction d'activité dans l'esprit et de passivité dans le corps, est conservée dans la forme grammaticale de l'expression. L'esprit perçoit ou peut se rappeler ce qu'il a vu : le corps est poussé, arrêté, ou reçoit une impression. On ne peut nous satisfaire en disant que la transition d'une pensée à une autre, dans l'esprit, soit un simple changement de place ou de figure; ou qu'une figure ou un mouvement, retenus n'importe où, ont la même valeur que la mémoire de ce qui s'est passé dans la perception ou la pensée.

SECTION VII.

De l'imagination.

En usant des choses que nous avons conçues, et que nous nous rappelons, nous avons souvent occasion, pour arriver aux desseins ultérieurs de la pensée, de réunir nos sujets ou de les séparer, et d'en envisager un seul en entier ou dans ses parties, selon l'intention de notre esprit. On peut appeler *imagination* le premier de ces modes de conception, et donner au second le nom d'*abstraction*.

Dans l'imagination, nous voudrions embrasser le sujet dans toutes ses qualités et ses circonstances, et même plusieurs sujets, sous le point de vue des rapports de similitude, d'analogie ou de différence qui existent entre eux. Dans l'abstraction, au contraire, nous voudrions considérer les sujets, ou les parties des sujets, sous un point de vue déterminé et limité, qui absorbe notre raisonnement et notre pensée.

Tout sujet donné peut exercer les facultés de l'imagination et de l'abstraction. Une montagne, par exemple, est pour le peintre et le poète un objet d'imagination; pour le géomètre, elle devient objet d'abstraction. L'artiste conçoit et représente ses contours sur le ciel, les bois, les rochers et les précipices qui occupent sa surface, et vont par degrés jusqu'à son sommet; il connaît les nuages qui semblent lui servir de fond, les animaux qui s'y nourrissent, et l'aigle qui plane dans les airs.

Le même objet exerce les facultés du géomètre, qui aspire à mesurer sa hauteur; il ne se figure pas autre chose qu'une ligne verticale qui, abaissée de son sommet, forme des angles droits sur la base. Cet exercice de l'esprit est appelé abstraction, parce qu'un ou plusieurs des détails sont examinés les uns après les autres, sans qu'on fasse attention au reste.

L'imagination est la faculté que nous employons dans la narration, la description, le dessein, ou l'invention. L'abstraction est celle dont nous faisons usage en généralisant ou en concevant, et, comme la définit Platon, celle qui comprend plusieurs individus de la même espèce ou du même genre.

Le langage de l'imagination est la métaphore, l'allégorie, la similitude, l'antithèse. L'objet de cette faculté est de particulariser, de présenter les individus dans leur forme distincte, de remplir un plan de tous les détails qui doivent y entrer, et d'offrir dans les discours l'affection, la passion, et les bases de la conviction, de manière à commander l'assentiment, et à attirer toutes les forces de l'esprit vers un but unique.

L'imagination est le talent spécial de l'orateur et du poète, et par son importance elle rend les hommes propres aux affaires, où rien n'est abstrait. Quoique dans l'argument on puisse discuter séparément des points isolés, et que l'abstraction soit nécessaire à la clarté, il faut cependant, en commençant à agir, concevoir le sujet tout entier; tel il est dans la nature, tel doit s'attendre à le rencontrer celui qui veut le travailler, ou se conduire convenablement par rapport à lui. Dans les spéculations mécaniques, la pression et le frottement peuvent se traiter séparément; mais ils se réunissent dans la pratique, et c'est ainsi qu'il faut les considérer. Dans les spéculations sur l'art militaire, la nature d'un pays, ses troupes, ses armes, et surtout le caractère des hommes qu'on a à commander, peuvent s'envisager à part, et chacun de ces objets peut donner matière à un discours particulier : mais dans la pratique, il faut les embrasser tous; et négliger une seule partie, serait rendre inutile la connaissance qu'on a déjà des autres.

Par nature ou par habitude, les hommes se livrent à l'imagination ou à l'abstraction, et regardent avec mépris les talens qui leur manquent réellement, quoiqu'il soit évident que la véritable habileté consiste dans la réunion de ces deux facultés. Le mécanicien ne peut connaître la force de ses machines et de la résistance qu'il doit vaincre, sans les évaluer séparément; et il ne peut employer utilement sa science, s'il n'est en état de concevoir la manière dont il faut traiter ces deux forces, lorsqu'elles agissent ensemble.

Dans l'imagination, les sujets peuvent être considérés comme seuls et séparés, ou comme formant un certain nombre de parties constituantes.

En considérant plusieurs sujets à la fois, il ne faut pas seulement concevoir les qualités particulières, les circonstances et les détails de chacun d'eux, nous devons faire attention à leurs rapports de similitude, d'analogie ou de différence.

La similitude ou la répétition des parties et des qualités semblables, sert de base à la classification, ou aide à classer les sujets dans l'histoire descriptive.

L'analogie est la répétition des proportions semblables ou des rapports correspondans. Des choses non pareilles peuvent être analogues : les nageoires d'un poisson et les ailes d'un oiseau, l'eau de la mer et l'air de l'atmosphère, sont des choses très-différentes; mais il peut y avoir des analogies entre elles, car les nageoires sont à l'eau ce que les ailes sont à l'air.

En vertu de l'analogie, il arrive qu'en traitant de choses différentes les unes des autres, on transfère de l'une à l'autre les noms d'opération et de qualité. On peut dire qu'un oiseau nage dans l'air, et qu'un poisson vole dans l'eau; et alors, selon que le sujet qui fournit l'expression est plus familier ou plus relevé, ou plus commun que celui auquel on l'applique, la métaphore, par un effet correspondant, abaisse ou élève l'objet auquel on l'applique. Ainsi, nous appelons obscure, une personne que nous voulons abaisser dans l'opinion publique; d'une personne à qui l'on suppose des talens ou des vertus, on dit qu'elle brille; on dit d'une personne qui parle avec une grande force d'expression, qu'elle tonne; on compare le zéphir qui agite doucement les feuilles en traversant une forêt, à un soupir ou à un chuchotement.

En employant la métaphore avec prodigalité, les divisions de la nature sont en quelque sorte confondues. Les règnes intellectuel, animal, végétal et mécanique, reçoivent la nomenclature de leurs qualités les uns des autres : alors l'aiguille aimantée est *fidèle* au pôle; l'amant est *attiré* par les charmes de sa maîtresse; une pensée est *lourde*, et la mémoire *effacée*; il y a *collision* de sentimens, et les qualités des corps *s'opposent* les unes aux autres. Voilà un langage métaphorique : il peut servir à varier le style, à suppléer au défaut des termes propres, à développer l'imagination, à faciliter l'effet des compositions de rhétorique, en jetant les couleurs d'un sujet sur un autre. C'est une ressource pour l'écrivain ; mais dans la recherche de la vérité, l'usage de l'expression propre a, il faut l'avouer, une beauté et une élégance que le langage métaphorique ne peut jamais atteindre (1).

L'allégorie, comme la métaphore, est fondée sur l'analogie supposée des sujets : la métaphore ne s'étend pas au-delà des mots, tandis que l'allégorie peut être continuée dans une relation ou description de quelque étendue ; et des sujets entiers, avec le langage qui leur est propre, sont substitués les uns aux autres.

Mais quoique dans l'allégorie on ne présente que des personnes ou des choses d'une même espèce, le but est de nous faire concevoir des personnes et des choses d'une espèce différente. Ainsi, dans le Tableau bien connu de Cèbes, les murs, les champs, les rochers, les montagnes, les différentes habitations, nous représentent les circonstances de la vie humaine, le caractère et les passions de l'homme avec les occupations et les recherches auxquelles il se livre.

On peut regarder l'allégorie comme une métaphore ;

(1) Voyez les écrits de sir David Dalrymple.

étendue de quelques qualités à un plus grand nombre ; et on peut l'étendre à toutes les circonstances correspondantes, à toutes les opérations de la nature, autant que l'analogie le permet. Si elle est obscure et trop difficile à deviner, on peut encore l'entendre avec l'aide d'un commentaire.

Les allégories sont quelquefois intéressantes, et peuvent servir à exprimer, d'une manière déguisée et pleine d'art, ce qui, énoncé directement, pourrait offenser ou être moins agréable : autrement elles sont peu instructives. Une pensée ordinaire peut paraître ingénieuse sous les voiles de l'allégorie, par l'esprit et l'adresse qu'on met à présenter une chose pour une autre ; elle peut paraître profonde par la difficulté de deviner le sens caché sous une substitution mystérieuse : mais on emploie mal ses talens, lorsqu'on voile par l'allégorie ce que l'expression directe ferait apparaître à tous les yeux.

Dans ces observations, notre but n'est pas d'analyser les figures de rhétorique, mais seulement de faire ressortir, en rappelant quelques effets de l'imagination, une faculté qui est si importante dans l'histoire de l'esprit humain.

La similitude, malgré la signification du terme, est plutôt fondée sur l'analogie que sur la ressemblance ou l'identité des sujets ; si pourtant l'objet de la comparaison est de montrer les sujets qui sont semblables, qui est-ce qui ressemble plus au caractère et aux actions d'un homme, que le caractère et les actions d'un autre homme? Cependant on n'emploie jamais de telles comparaisons en poésie. On n'a jamais dit que Diomède combattît comme Achille, ni Ajax comme Idoménée; l'armée des Grecs n'est pas comparée à une autre foule d'hommes, mais à un essaim d'abeilles : le guerrier qui garde son poste est comparé à un roc au milieu de la mer, battu par la tempête, mais inébranlable; l'armée des anges, faisant mouvoir ses phalanges, est comme un champ de blé agité par le vent; Ajax même, se retirant malgré lui devant une foule d'ennemis, n'est point comparé à un autre homme qui se serait trouvé dans la même circonstance, mais à un âne qui quitte à regret le champ de blé, et ne hâte pas sa marche, quoiqu'il soit assailli par toutes les pierres et les bâtons des villageois.

Le contraste est aussi un effort de l'imagination, par lequel on indique ce que les sujets ont d'opposé entre eux. Les choses opposées sont placées de manière à ce que les qualités qui sont en opposition soient les plus frappantes. Les couleurs contrastent dans la peinture : les vertus et les vices, la science et l'ignorance, les talens et l'incapacité, offrent les mêmes contrastes dans les caractères et les dispositions des hommes.

Le contraste est l'inverse de la similitude, et l'antithèse l'inverse de la métaphore. Quand elles découlent naturellement du sujet, elles deviennent un ornement de style, et peuvent contribuer beaucoup à augmenter ses effets ; mais multipliées sans discernement, elles trahissent l'affectation et inspirent du dégoût.

SECTION VIII.

De l'abstraction.

Dans la dernière section nous avons examiné les avantages du contraste, en réunissant les définitions de l'imagination et de l'abstraction : dans l'une, le sujet est exposé avec toutes ses circonstances et ses qualités ; dans l'autre on n'examine qu'un seul, ou un petit nombre d'articles.

L'abstraction est toujours exprimée à un degré quelconque dans chaque terme général et dans tous les mots d'une langue, excepté dans les noms propres, qu'on applique uniquement aux individus. Dans le terme *animal*, nous abstrayons ce qui est commun à toutes les créatures vivantes, de ce qui est particulier à un genre ou à une espèce. Le berger, parlant de son troupeau, peut dire ce qui est commun à l'espèce, sans entrer dans les détails de l'individu. Le postillon exige son salaire en raison de la longueur de la route, et ne pense pas à sa largeur : le géomètre fait de même quand il raisonne sur des lignes longues sans largeur, et des surfaces longues et étendues sans épaisseur, ou sur des points qui n'ont aucune dimension ; mais il sait en même temps que chaque corps et chaque espace ont vraiment toutes les dimensions de la longueur, de la largeur et de l'épaisseur, et qu'on ne peut se les figurer sans ces attributs.

En traitant des lois de la nature, nous séparons ce que plusieurs opérations ont de commun et d'uniforme entre elles, de ce qui leur est propre et sert à marquer les différences. En métaphysique ou en théologie, on abstrait ce qui est commun et universel pour tous les êtres, de la multitude des qualités distinctives et séparées : de cette manière, le langage de la science devient obscur et embarrassé pour le vulgaire, et l'abstraction ou le raisonnement méthaphysique, où ce langage est porté au plus haut degré, sert à exprimer quelque chose d'incompréhensible ou de difficile ; mais, en réalité, ce n'est qu'une continuation de ce que fait la plus faible intelligence lorsqu'elle classe les choses de même espèce sous leurs noms communs ou génériques.

Si l'on veut savoir jusqu'où l'esprit peut arriver sans atteindre les hauteurs de la science, il suffit de considérer le dialecte le plus vulgaire, dans lequel chaque terme, excepté le nom propre, exprime quelque abstraction.

Si une langue, même celle d'une nation sauvage, contient les termes génériques des animaux et des végétaux, et les termes universels de substance, qualité, quantité, etc., on peut assurer que ce peuple, quelque grossier qu'il soit, a déjà fait des abstractions, et que l'opération directe est familière à chaque individu, quoique l'acte de réflexion par lequel l'esprit se rappelle ce qu'il a déjà fait lui-même, soit réservé aux hommes qui s'occupent des spéculations de la science.

Nous pouvons observer dans la nature une variété de sujets qui, pouvant s'appliquer à quelques circonstances de la vie humaine, sont regardés comme utiles; et de là, sans nous occuper des circonstances respectives auxquelles chaque sujet en particulier peut servir, nous admettons leur utilité, et nous rangeons dans cette catégorie le bois, les pierres, les végétaux, les animaux, et tout ce qui, malgré une variété infinie, peut, en certains cas, être utile à l'homme.

Nous observons aussi une variété de sujets qui sont en eux-mêmes, ou par la place qu'ils occupent, excellens et beaux. L'œil, la main, le pied, sont admirables dans leur structure, et contribuent à rehausser la beauté du tout dont ils font partie. Dans l'usage du terme abstrait de *beauté*, nous examinons les détails de chaque sujet en particulier, pour déterminer ce qu'il a de commun avec d'autres sujets d'une beauté parfaite. La beauté se résout dans l'excellence, et est un des aspects de ce qui est bon; nous examinerons par la suite en quelle nature de choses elle est établie, et nous trouverons par ses différentes applications l'importante distinction du bien et du mal : nous n'en parlons ici que pour mieux faire comprendre cette opération de l'esprit, que nous nommons abstraction.

Dans l'usage de cette faculté, l'entité est le sujet de

la métaphysique ou de l'ontologie, comme la quantité est celui de la géométrie : de même la forme abstraite d'une opération dans la nature est une loi physique, et ses applications constituent la science physique. La forme et l'expression abstraites de ce qui est excellent ou bon, est une loi morale et un principe de science morale.

SECTION IX.

De la science.

Dans la nature, tous les sujets présentés à notre observation sont individuels, et distingués entre eux par leurs qualités et leurs circonstances particulières. Dans l'exercice de l'imagination, nous suivons l'exemple de la nature, en particularisant tous les sujets de contemplation, de dessein ou d'invention que nous concevons. Mais si nous voulions réunir beaucoup de détails sous un ou plusieurs titres généraux, il nous faudrait abstraire les qualités par lesquelles ils se ressemblent, de celles qui constituent leurs différences.

L'imagination peut être appelée la faculté de la particularisation, et l'abstraction la faculté de la généralisation.

Cette faculté, appliquée aux sujets de description, donne l'espèce et le genre des choses; appliquée à la succession des événemens, elle donne les lois de la nature; appliquée aux matières de choix, elle donne les lois de la morale.

On peut tirer les lois physiques de la nature, d'un certain nombre de détails qui, quoique différens dans leurs circonstances, et ayant des apparences diverses, présentent un fait général et commun à beaucoup d'observations. Ainsi la loi de la gravitation ou de la pression verticale, est étendue à tous les phénomènes de la *pesanteur* dans les corps en repos, à ceux de l'*accélération* dans les corps tombans, à ceux du *ralentissement* dans les corps ascendans, à ceux de la *vibration* du pendule, et à ceux de la *courbe* décrite par un projectile.

La loi, ainsi déterminée, est appliquée à l'explication de beaucoup de phénomènes dont l'existence eût été insuffisante pour nous faire découvrir cette loi. Les différentes pressions latérales et verticales des fluides, n'agissent pas en raison de leur *quantité* ou de leur pesanteur spécifique, mais en raison de leur hauteur ou de leur profondeur. Tel est le flux et le reflux de la mer, la précession des équinoxes, la révolution des planètes dans leurs orbites, etc., dont les explications sont appelées théories des phénomènes respectifs auxquels elles appartiennent.

De cette manière on constitue la science physique, et on peut dire que les détails sont compris et connus scientifiquement, dès que nous pouvons les rapporter aux lois physiques qui les embrassent.

L'objet de la science physique étant le fait et la réalité, il est évident qu'on ne peut substituer une simple hypothèse à une loi de la nature, et qu'il est impossible de soutenir une théorie dont le principe n'est pas quelque loi connue ou existante de la nature, et dont l'application n'est pas suffisante pour expliquer le phénomène. Il est évident que quand le phénomène fait partie d'une loi bien connue de la nature, il est inutile de chercher une autre explication; telle est la tendance des règles que Newton s'est imposées en procédant à l'examen des phénomènes du système planétaire.

On définit quelquefois la science, la connaissance des causes et de leurs effets dans la nature; mais les termes de cause et d'effet, autant que nous pouvons concevoir leur rapport, ont la même signification que ceux que nous avons déjà employés, tels que, *loi de la nature* et ses *phénomènes*.

On conçoit aisément le rapport qu'il y a entre la cause et l'effet; mais les métaphysiciens ne s'accordent point sur l'origine de cette conception : quelques-uns pensent qu'elle vient de la simple corrélation ou concomitance d'une chose avec une autre, comme la corrélation de l'expansion avec la chaleur, ou du mouvement avec l'impulsion.

La seule corrélation ne peut cependant pas remplacer la connaissance de la cause et de l'effet; car des choses sont conjointes sans qu'elles aient aucun rapport entre elles; telles que les vagues qui se brisent sur le rivage, les feuilles, les moissons, les fruits qui se succèdent du printemps à l'été; et sans une notion préliminaire de ce rapport, la corrélation ou la conjonction ne pourrait donner d'autre idée que celle de la contiguïté de temps et de lieu.

Le rapport de la cause et de l'effet est probablement conçu d'abord dans l'esprit, dans le rapport qui existe entre ses propres efforts et l'effet qu'il en attend, dans le rapport de l'évidence avec la conviction qu'elle produit; et le rapport étant ainsi conçu préliminairement, on peut présumer, sur la foi de signes ou de preuves qui paraissent suffire à montrer sa réalité dans toutes les occasions, qu'il existe véritablement, comme dans le cas de plusieurs choses observées à la fois, uniformément et avec une égale attention.

Dans ce cas, nous admettons le rapport de la cause et de l'effet; et comme il y a une liaison nécessaire entre l'évidence et la croyance, nous admettons ainsi, non la simple concomitance, mais la nécessité de l'effet d'une cause, et la nécessité d'une cause pour produire un effet. Les métaphysiciens avouent cependant que, malgré la nécessité d'admettre une cause pour produire un effet quelconque, la nature intime de la causalité, ou du pouvoir qui opère, ne nous est pas assez connue pour que nous puissions estimer toute sa force; et quand nous disons que la gravitation est la cause de la pesanteur des corps, nous avançons seulement que le poids d'un corps en repos ou en mouvement est un phénomène particulier de la loi générale par laquelle les corps sont entraînés vers la terre et suivent une ligne verticale.

Quand nous ne percevons pas une cause, nous en imaginons une, et substituons ainsi, par l'imagination, au manque de connaissance. Cependant, lorsqu'on s'occupe d'assigner aux choses leurs vraies causes, il est mieux de reconnaître notre ignorance sur ce point et de viser à examiner les lois sur lesquelles nous pouvons travailler avec succès, et où nous ne pouvons pas nous méprendre au point d'employer l'hypothèse pour le fait et la réalité, plutôt que d'employer un terme ambigu dans sa signification, et plus favorable à la supposition et à l'imagination qu'à l'observation.

Newton a montré, dans sa théorie du système planétaire, que les phénomènes en sont compris dans les lois bien connues du mouvement et de la gravitation; lois communes et familières sur la terre, et également applicables au ciel.

Descartes, en cherchant la cause des révolutions des planètes, supposa l'espace où elles s'exécutent rempli de matière, et cette matière elle-même en mouvement, comme un tourbillon. Voilà suppositions sur suppositions, sans aucune évidence de réalité; erreur qui peut être plus facilement commise dans la recherche des causes qui paraissent occultes, qu'en traitant d'une loi de la nature dont le nom seul annonce une série de faits dont l'existence est bien connue.

Quoique nous définissions souvent la science, la connaissance des causes et de leurs effets, il est plus exact et plus d'accord avec l'état actuel de notre intelligence de dire que c'est la connaissance des lois de la nature, embrassant une infinité d'apparences diverses, que chacune de ces lois peut servir à expliquer.

Les travaux du pouvoir intelligent sont compris sous des lois générales ou des descriptions génériques. L'observation est satisfaite, quand on lui trace les détails des titres généraux de description ou de loi physique qui les embrassent. Comme l'intelligence créatrice procède ainsi, l'esprit créé ne peut arriver par aucun autre moyen à la maturité ou à l'accroissement de la science.

Nous avons examiné jusqu'ici l'histoire de l'entendement, ou du pouvoir cognitif, dans toutes ses fonctions diverses, de conscience, de perception, d'observation, de mémoire, d'abstraction et de science.

Sous le dernier de ces titres, nous pouvons ranger sans doute, non-seulement l'application des principes généraux pour l'explication des phénomènes ou des apparences particulières, mais encore l'application des principes moraux qui servent à diriger le choix de l'agent doué de volonté.

On peut appeler le dernier titre, science morale, et il forme un des principaux articles de l'histoire de l'esprit ; mais avant de procéder à son examen, nous devons nous occuper des principes spéciaux de l'action et du choix qui caractérisent l'espèce humaine.

SECTION X.

Des sources primitives de l'inclination dans la nature humaine.

Nous avons observé que l'homme n'est pas, en général, entravé par l'instinct, et qu'on lui a laissé, comme ses priviléges, l'observation et le choix ; mais ne faisant, en quelque sorte, qu'une variété du règne animal, il est dirigé par des instincts qui précèdent la connaissance de ses fins, ou toute expérience des moyens qu'il doit employer pour y arriver.

Il y a quelques exemples de ces impulsions instinctives dans la nature humaine, tel que cet effort instinctif, commun aux hommes et aux animaux, qui fait servir les muscles à la respiration, et celui qui nous fait appliquer nos lèvres sur le sein pour sucer le lait. Ces opérations compliquées s'exécutent sans que l'enfant en comprenne la nature, qui, de temps immémorial, a trompé les recherches spéculatives de l'homme, et n'a cédé que récemment aux progrès de la science.

On peut ajouter à cela que l'instinct d'horreur qui saisit l'homme à la vue d'un précipice, s'empare également de beaucoup d'animaux. La tête a des vertiges, et avertit du danger, bien certainement avant que l'idée de ce qu'on peut craindre d'une pareille chute nous ait frappés. Pour avoir cette idée, il faut supposer que la personne soit instruite du pouvoir accélératif de la gravitation, qui, continuant à opérer dans les chutes d'une certaine hauteur, augmente la rapidité et la force du coup que reçoit le corps en tombant à terre, et qui souvent le prive de la vie. Certainement l'animal qui tremble à l'approche du précipice, n'a pas cette connaissance; et il ne serait pas très-rassurant pour l'homme de n'avoir d'autre guide, dans cette occasion, que sa propre expérience et la connaissance des lois de la gravitation et de la collision. La première épreuve qu'il en ferait, pourrait lui être fatale, et la nature a heureusement anticipé sur les effets de la connaissance, en nous faisant éprouver un certain éblouissement et une crainte de tomber, qui empêchent la personne de s'y exposer. Ces avertissemens, à la vérité, peuvent devenir inutiles pour ceux qui sont habitués à escalader les rochers et à voir des abîmes; ils se guérissent de la crainte par leur présence d'esprit: alors le sentiment de la crainte est étouffé par l'expérience et l'habitude.

Il y a d'autres exemples de mouvemens instinctifs qui, sans opérer dès la naissance ou dans les périodes de l'enfance, suivent cependant les accroissemens de la vie animale, et qui, dans l'usage des moyens, donnent une impétuosité singulière, à laquelle la connaissance de leur but contribue rarement.

Mais le caractère le plus général des inclinations de l'homme, ou de ses dispositions actives, comme nous l'avons déjà observé, n'est pas celui d'un penchant aveugle à se servir de ses moyens, mais une vue instinctive du but; et pour y arriver, il lui est libre de découvrir et de choisir, d'après ses observations et ses expériences, les moyens qu'il croit les plus efficaces.

Ainsi l'homme est porté à veiller à sa conservation; la manière lui en est, en quelque sorte, indiquée par les aiguillons de la faim, qui le forcent à faire usage d'une nourriture quelconque. Les soins qu'il prend pour se préserver de tout danger, sont augmentés par les sensations pénibles qui l'avertissent des inconvéniens du feu, du grand froid, de la suffocation, du mauvais air, des blessures ou des maux de toutes sortes; mais c'est à son choix (fondé sur le résultat de ses observations et de ses expériences), qu'on laisse découvrir le meilleur aliment pour apaiser la faim, et tous les moyens qui peuvent le mettre à l'abri de la famine.

L'homme est donc maître d'observer et de choisir les divers moyens qui peuvent servir à prévenir ses besoins; quant à la nourriture, au vêtement, ou à la parure, ils lui sont tous recommandés par la nature, sous peine de voir sa sûreté et son bien-être compromis; mais loin d'être limité par ses instincts à une espèce particulière de matériaux ou à une forme nécessaire pour arriver à ses fins, comme le castor, qui ne sait construire qu'une digue, comme l'abeille, qui ne sait former que sa cellule, et les différens oiseaux, qui refont tous les ans les mêmes nids, il se plaît, au contraire, à changer ses méthodes dans la nature et dans l'art; il saisit toujours les occasions de varier ses moyens partout où il est placé, et, dans quelque situation qu'il se trouve, il s'efforce d'avancer: voilà la cause qui le porte à étudier une multitude d'arts; il varie pour eux ses inventions, et leur nombre devient bientôt infini.

L'appétit est la seule cause de l'action dans les autres animaux, et tout ce qu'ils font procède du motif présent. Mais les expériences répétées de bien-être et de malheur, deviennent pour l'homme des sujets de généralisation; il en tire les catégories du bien et du mal, et reçoit des impressions diverses d'un objet selon qu'il le rapporte à l'une ou à l'autre; pendant que ses désirs ou ses penchans ne le tourmentent pas, il peut prendre des mesures propres à assurer son repos et à se garantir de tous les dangers.

On a remarqué que l'homme partageait, avec les animaux que nous avons appelés *gregarii*, une disposition qui le portait à se réunir à ses semblables. Sa société peut être nombreuse ou bornée à un cercle étroit; sa société politique est une république ou une monarchie: mais vers quelque forme qu'il penche, il rencontre toujours des inconvéniens particuliers qu'il désirerait pouvoir toujours éviter, et qui se présentent sous l'apparence de certains avantages qu'il voudrait acquérir. La société lui offre l'occasion d'exercer sa nature, à la fois intellectuelle et animale. La justice, le bon ordre, sont pour l'homme des biens réels, objets de ses désirs; le crime et l'anarchie deviennent les objets correspondans de son aversion.

Les penchans instinctifs apprennent aux animaux l'usage de leurs organes, et à l'homme l'usage de ses facultés ; il repousse tout ce qui les entrave, et saisit avec joie toutes les occasions d'exercer leurs forces. L'esclavage et la liberté sont donc pour lui les sources du mal et du bien.

On découvre dans ses relations avec les autres hommes, une infinité de motifs qui le poussent à l'exercice de ses dispositions actives. La famille à laquelle il est attaché, les amis qu'il aime, la cause qu'il a embrassée, font naître mille intérêts qu'il protége ou qu'il réclame de son propre mouvement. N'étant pas indifférent aux objets qui l'entourent et l'intéressent, il ne peut voir avec indifférence que d'autres hommes, dont il partage au moyen de la sympathie les peines et les plaisirs, en jouissent ou en soient privés.

Tout ce que l'individu cherche à acquérir, il peut aussi le désirer pour son ami ou pour son pays ; et on peut en conclure qu'il y a dans la nature humaine un penchant qui porte l'individu à ne penser qu'à ses propres intérêts, et qui, d'un autre côté, le pousse à les confondre avec ceux de la société dont il fait partie.

La nature nous présente des objets beaux, difformes, excellens ou défectueux. Nous n'avons pas de noms pour exprimer les facultés particulières qui distinguent ces mêmes objets ; ou plutôt nous concevons que leur distinction existe dans la nature des choses, et nous supposons que l'intelligence est la faculté nécessaire pour les déterminer. Le silence de toutes les langues, à l'égard de toute autre faculté, doit nous faire présumer qu'on n'a point donné à ce genre une dénomination particulière.

En jugeant de ce qui est excellent et beau, nous distinguons l'arrangement et la combinaison des sujets matériels, ainsi que l'état de la nature vivante et de la nature intelligente. C'est principalement à cette dernière que se rapporte la différence de l'excellence ou de l'imperfection. Nous estimons et nous haïssons en nous, comme dans les autres, le bien et le mal qui entre dans le caractère de l'esprit.

Dans la distinction de l'excellence et de l'imperfection, nous découvrons la source de différentes passions: telles que l'orgueil, la vanité, l'émulation, la magnanimité ou l'élévation de l'esprit, qui suivent toujours l'excellence dans ses applications justes ou fausses. La disposition à l'excellence est la plus ordinaire dans l'homme, après celle qui le porte à veiller à ses intérêts; elle est peut-être même un motif d'action plus puissant que l'intérêt personnel, et ouvre un champ plus vaste aux grands efforts de la nature humaine. On peut lui rapporter l'intégrité de l'honnête homme, qu'il ne sacrifierait pas même pour sauver sa vie; l'honneur, à qui le gentilhomme immole toutes considérations de plaisir ou de bien-être; la gloire du soldat, et la couronne du martyr.

L'instinct que nous remarquons dans les animaux

gregarii, n'est dans la nature humaine que la plus faible partie du caractère social. Outre la disposition des sexes, les sentimens qui unissent les pères aux enfans et les amis entre eux, l'amour de la patrie qui lie les citoyens, etc... déjà cités comme les principes fondamentaux d'une société particulière, il règne entre nous et l'état heureux ou malheureux d'un de nos semblables, un principe d'intérêt et de sympathie qu'on ne peut définir; quoiqu'il ne se rapporte qu'à l'homme, nous lui donnons le nom d'humanité, quand même nous avons pitié des maux d'un autre animal. Il y a un sentiment qui nous porte à estimer le mérite, à aimer la justice; un autre qui frappe de réprobation le méchant et l'impie, et nous inspire une juste horreur du crime; et tous s'appuient sur la distinction de la bienveillance et de la méchanceté, et servent à juger si l'individu est propre ou non à remplir sa place dans la société, et digne de faire partie de ce vaste ensemble.

L'homme doit donc être, aux yeux de ses semblables, l'objet le plus important de la scène du monde, puisque le genre humain est formé pour la société et la coopération des efforts; l'homme doit être le premier objet de notre amour, de notre confiance et de notre estime, ou être en butte à notre défiance, notre haine et notre mépris, selon qu'il use ou qu'il abuse des forces que lui ont données la nature et l'expérience. C'est ce qui constitue, relativement à lui, la distinction de la beauté et de la difformité, de l'excellence et de l'imperfection, de la vertu et du vice ; c'est pour son esprit la source véritable de la gloire et de la honte, l'objet qui l'engage à choisir ou à rejeter, et le point sur lequel il tourne ses efforts ambitieux pour devenir meilleur, et éviter les chutes et les malheurs auxquels il est exposé.

Dans la nature, tout exemple de bien et de mal est particulier, individuel et isolé. D'après certaines coïncidences, nous en réunissons plusieurs sous les titres d'utiles ou de désavantageux, de profit ou de perte, de beauté et de difformité, d'excellence ou d'imperfection, de vertu ou de vice.

On s'est disputé avec aigreur dans les anciennes écoles de la philosophie, afin de savoir s'il était mieux de ranger les sujets de ces différentes dénominations sous un titre commun, le bien d'un côté, et le mal de l'autre : mais il ne s'agit pas d'un fait d'histoire ; nous n'avons à poser qu'une question de classification, ou tout au plus de distinction morale.

La distinction du bien et du mal est développée dans la sensibilité des êtres intelligens, par les circonstances où ils sont placés, ou par les qualités de leur propre nature ; mais l'application de cette distinction et le genre de vie qui en procède, dépendront de l'association que les hommes ont formée, et même des épithètes de bon et de mauvais qu'ils ont coutume de donner aux sujets soumis à leur choix. Ils désirent ce qui est avantageux, beau ou honorable, et évitent ce qui est dangereux, vil ou désagréable.

L'homme, excepté quand il est poussé par l'instinct seulement, sans avoir aucune idée de la fin, agit d'après la manière dont il a conçu les choses, et suit plusieurs directions, selon que son imagination conçoit que tel ou tel objet peut être rangé sous l'un des titres opposés dont nous avons parlé. Là où la richesse est regardée comme honorable, la pauvreté sera honteuse, et le désir de l'excellence ou l'ambition elle-même se tournera vers l'avarice ; là où le mérite consiste à se soumettre aux formes arbitraires d'une certaine manière de vivre, la vertu elle-même deviendra un principe de formalités ou d'observations superstitieuses.

Ces idées peuvent être appelées les notions pratiques des choses ; elles sont de la plus haute importance dans l'examen des parties constituantes du caractère de l'homme, et dans les principes d'où dépendent le rôle qu'il doit jouer pendant sa vie.

Vers quelque objet que nous penchions, et de quelque manière que nous ayons classé un individu, d'après les notions que nous avons sur le bien et sur le mal, il est bon de se rappeler ici que tout effort de l'esprit est particulier et individuel, lorsqu'il est relatif à un objet qui se trouve dans une situation particulière et individuelle. L'objet est agréable et désiré, ou désagréable et évité ; la possession en est assurée ou précaire : de là vient que nos dispositions actives se manifestent par la joie de l'homme heureux ou le chagrin de celui qui est désappointé ; l'espérance de celui qui a la perspective d'une fortune brillante, les craintes de ceux que le malheur menace. Ainsi, tous les sentimens qui affectent l'esprit sont individuels, et le terme *affection*, qui n'exprime pas plus la joie du bonheur, la tristesse du malheureux, et l'espérance du succès probable, que la crainte de ceux qui se défient d'un événement, n'est qu'une abstraction qui n'existe pas dans la nature, mais qui se présente comme les autres abstractions dans le sujet, comme une matière de discussion ou d'argumentation.

Mais puisque, en considérant abstractivement une disposition, nous l'appelons une affection de l'esprit, nous pouvons donner le nom de *passions* aux modifications de cette affection, qui apparaissent dans les diverses circonstances où se trouve l'objet; et comme les *passions* sont nécessaires, à quelque degré qu'elles soient, il faut, en supposant une affection juste et un juste degré de sentiment, reconnaître qu'elles sont justes aussi.

L'émotion que nous éprouvons en voyant en danger l'objet que nous possédons, est peut-être nécessaire pour exciter notre activité, et elle est, non-seulement naturelle, mais essentielle.

Une sensation pareille, quand l'objet est en sûreté, serait dangereuse et pourrait nous égarer. Quand une mère voit son enfant s'approcher des flammes, sa tendresse, tranquille il n'y a qu'un instant, se change en alarme, et ce changement sert à multiplier ses efforts pour la conservation du dépôt qui lui est confié.

Tant que les passions sont renfermées dans des limites

convenables, et animent l'esprit aux exercices qui lui sont propres, il est inutile d'observer qu'elles remplissent les intentions de la nature; car s'il était possible qu'un individu vît sans émotion les dangers qui menacent sa patrie ou son ami, nous croirions que cela vient de ce que l'énergie du sentiment qu'il éprouve est en proportion avec l'événement qui l'a fait naître. Ce n'est autre chose que la force d'un courant dirigé de manière à donner à une machine l'impulsion convenable; et quand cette force est calculée d'après la résistance qu'elle doit vaincre, ses variations constituent une beauté dont elle fait partie.

Si néanmoins une affection se détruisait elle-même, en arrivant à un degré d'émotion hors de toute proportion avec le sujet qui la fait naître, ou mieux encore, si l'esprit éprouvait une perturbation qui le rendît inhabile au rôle qu'il est destiné à jouer, il est évident que la passion, portée à ce degré, devrait être réprouvée, parce qu'elle est frappée d'un caractère d'impropriété, capable de renverser le but pour lequel nos affections et leurs différentes modifications nous ont été données.

La poésie dramatique peint les passions et leurs changemens occasionels; elle ne pourrait nous intéresser en développant une âme dont l'état serait uniforme et invariable, en dépit du malheur ou de la prospérité. Dans cet état, l'esprit, exempt d'agitations et de perturbations apparentes, remplit toutes ses fonctions aisément et avec promptitude; et quoique cette situation ne convienne pas aux représentations théâtrales, elle est certainement la plus noble et la plus élevée de toutes celles qu'on peut adopter dans la vie. C'est ce qui fait que les caractères de Caton et de Socrate sont moins dramatiques que ceux d'Œdipe ou d'Andromaque.

On entend communément par passion, un excès d'émotion ou de perturbation, et on nous avertit ordinairement de nous défier des effets de cet extrême. Les passions furent proscrites par les écoles de la philosophie ancienne, non-seulement à cause des excès qu'elles occasionnent, mais à cause de leur incompatibilité avec le modèle de perfection que ces écoles se figuraient sous la dénomination de sagesse. Ce caractère consistait à choisir la vertu, considérée comme le souverain bien, et à repousser le vice comme la source de tous les maux. Un bien qui dépend de notre choix, et qui appartient toujours au sage qui l'a choisi, est une source de satisfaction constante et uniforme, et ne peut causer ces émotions qui poussent l'âme de la joie à la douleur, ou de l'espérance à la crainte. La question n'était pas de connaître jusqu'à quel point on pouvait réaliser cet état de nos affections, mais à quelle distance était ce modèle de perfection, vers lequel devaient tendre tous les efforts des hommes.

Avant de terminer ce que nous venons de dire sur les sources de l'inclination, les modifications de la passion, les notions pratiques et les idées d'où elles procèdent, il faut observer que, quelque direction que la nature ait donnée primitivement à l'homme, ou quelque façon particulière de penser et d'agir qu'un individu puisse adopter, sa volonté est libre dans son choix, et l'homme toujours le maître de ses actions.

L'esprit sait parfaitement que, malgré l'influence qu'un instinct, une affection ou une opinion peuvent exercer sur la volonté, et les nombreux exemples de cas où cette dernière s'est laissé dominer, il existe un pouvoir souverain de choix, qui peut suspendre, anéantir ou prévenir l'inclination et ses effets. Ainsi le malade n'a pas besoin d'une grande résolution pour s'imposer une diète sévère, et suivre les ordonnances les plus désagréables, quand la raison exige ce sacrifice. La sensibilité peut résister aux attaques de la pitié, quand la justice et l'avantage de la société demandent plus de fermeté et de vigueur.

Pour parvenir à faire sortir un animal de la route tracée par l'instinct, ou l'empêcher de satisfaire ses appétits, il faut un maître qui emploie la force nécessaire à l'exécution de ce dessein; mais l'homme est son propre maître : dans l'exercice du pouvoir souverain de la volonté, il peut répéter ses efforts (quoiqu'ils soient différens de ceux auxquels l'instinct le pousse) jusqu'à ce qu'il acquière cette inclination, cette facilité, cette force d'action, que nous appelons ses habitudes, et qui, bien qu'acquises, sont difficiles à distinguer des penchans primitifs.

Des acquisitions semblables méritent sans doute une

place dans l'histoire de l'esprit humain ; mais comme elles sont accidentelles et distinctes des sources primitives de l'inclination, il sera mieux de les considérer avec les principes de la perfectibilité de la nature humaine, par lesquels l'homme, en exerçant son empire sur lui-même, peut acquérir ces perfections accidentelles ou s'exposer à des maux et à des défauts accidentels, selon la sagesse et la rectitude de ses jugemens, et la nature du choix qu'il a fait.

Maître absolu de sa volonté, le coupable peut rejeter son crime sur ses passions, afin de l'atténuer ; mais la passion est elle-même sujette à la censure de la morale, et l'homme *passionné* sait qu'il est responsable du rôle qu'il jouera en agissant sous cette influence.

Ayant ainsi examiné, sous le titre de *sources premières de l'inclination*, les notions pratiques des choses et le pouvoir souverain de la volonté, il sera convenable de parler des particularités qui peuvent se présenter à nous sous ces différens chefs, et de considérer plus spécialement les sources du caprice et de l'affection accidentelle ou de la passion, dont la nature humaine nous offre de si fréquens exemples.

SECTION XI.

Des sources du caprice, de l'affection accidentelle ou de la passion.

Nous avons observé que, quand l'homme n'est pas dirigé comme les animaux par un instinct déterminé, il agit d'après l'idée qu'il a des objets qui l'entourent.

Quelques-unes de ses idées sont produites par l'expérience et l'observation; il doit les autres aux relations qu'il a avec ses semblables, ou aux opinions qui prévalent parmi eux.

Parmi les idées dues à l'expérience et à l'observation, les unes sont fondées sur le cours ordinaire des choses, les autres sur des événemens isolés ou sur des coïncidences fortuites.

Nous pouvons passer sans danger les idées qui dérivent du cours ordinaire des choses, bien convaincus que la nature étant régulière et permanente, elle maintiendra l'ordre de choses qu'elle a établi. Le laboureur, après avoir observé la succession des saisons et leurs effets particuliers, sème de manière à être sûr de sa récolte. L'homme observe l'état et le caractère de son voisin; il le recherche ou l'évite, selon qu'il le regarde comme un objet de confiance ou de méfiance. Chaque individu, dès son enfance, commence à sentir ce qui plaît ou fait souffrir, ce qui est avantageux ou non, excellent ou méprisable, et peut regarder ces idées fondées sur l'expérience comme une règle de conduite dans la vie.

En ayant l'idée d'un événement réel, nous avons la preuve du fait; mais les faits isolés, dans une coïncidence de circonstances purement fortuites, ne peuvent passer pour les modèles de ce que la nature veut nous faire concevoir. Un lieu et le malheur qui y est arrivé, une personne et les mauvaises nouvelles qu'elle peut apporter, ont été présentés à la fois dans le fait, mais seulement par hasard, et sans qu'ils aient aucuns rapports qui nous les puissent faire concevoir réunis. On sait cependant que de telles idées surprennent l'esprit faible et inattentif, et, par une association de choses opposées par leurs natures, font qu'un objet indifférent par lui-même devient l'objet d'un désir violent, d'aversion ou d'horreur; on en a des exemples frappans dans ce qu'on appelle l'antipathie des objets ou des choses.

La plupart des individus, sans faire attention à l'autorité des faits uniques ou multipliés, puisent la connaissance des choses dans les rapports ou dans les opinions dominantes. « Une personne, dit le Spectateur, » peut être entretenue dans une croyance ou une opi- » nion quelconque »; et il est indubitablement vrai que la masse du genre humain reçoit de confiance les opinions qui sont le plus répandues dans le monde. A force d'être répétées et d'être conçues d'après l'autorité des autres, elles acquièrent tous les effets de l'expérience, ou d'un fait qui se répète dans le cours ordinaire des choses. Ces idées deviennent habituelles dans les deux cas, et produisent les mêmes effets.

C'est à cette source que la multitude puise ses idées sur le point d'honneur et sur ce qui constitue le rang et la distinction, comme la naissance, la fortune, ou les qualités personnelles; c'est de là que vient sa vénération pour la religion, et son respect pour le gouvernement établi.

Sur ces divers sujets, nous nous laissons entièrement guider par l'influence des autres hommes; nous nous soumettons au gouvernement, et obéissons à la religion, tant que le monde continue à nous en donner l'exemple. Comme nous formons nos idées sur ce qui est respectable, en suivant aveuglément celles de la foule, il arrive que nous sommes toujours prêts à imiter la multitude quand elle met les idées reçues en question ou qu'elle les rejette; quand l'opinion générale s'est prononcée contre ce qui existait, nous réformons la religion et bouleversons les gouvernemens avec non moins d'ardeur que nous n'en mettions à suivre le torrent des opinions quand il se dirigeait d'un autre côté.

Sans doute il y a des exceptions à cette tendance de l'esprit vers une conformité générale de la pensée : on les trouve non-seulement dans le cas de ceux qui pensent par eux-mêmes, et qui ne tirent pas leurs opinions de celles du vulgaire; mais encore dans le cas d'autres individus, doués d'un caractère moins heureux, qui croient se distinguer par une singularité, unique objet de leur ambition. Ces individus, affectant de se mettre en opposition avec la foule, se fabriquent des opinions singulières sur les choses, les soutiennent par affectation, et les adoptent par habitude.

Le solitaire reclus forme ses notions sur l'ensemble resserré de ses observations limitées, ou sur tout ce que peuvent lui suggérer les objets qui ornent sa solitude. Les hommes qui s'occupent de hautes spéculations prennent souvent leurs abstractions pour des réalités, et leurs talens ne brilleraient pas beaucoup, si on les employait à des affaires qui ont rapport à des circonstances variées à l'infini et d'une minutie extrême. Leur mérite est plus dans le discours que dans l'action; ils paraîtront à leur avantage, là où il faudra déployer des connaissances générales, sans essayer de les pratiquer ou de les appliquer pour produire des effets réels. Les hommes habiles dans leur conduite, manquent souvent de talent pour la parole; l'homme éloquent, au contraire, descend quelquefois de ses hauteurs, quand il est amené à faire preuve de talent dans les scènes les plus difficiles de l'action.

Tous les hommes ont, selon Bacon, leurs idoles, ou certaines idées fausses qui les détournent de la vérité. Si le reclus est visionnaire, le vulgaire est séduit par toutes les niaiseries qui s'accréditent. Il est si occupé des avantages supposés qu'il espère obtenir du rang, de la préséance ou de la considération, qu'il perd de vue le bien-être réel et absolu d'une situation heureuse;

et dans la carrière que l'homme suit, il ne paraît pas moins profiter de l'oppression des autres que des avantages qu'il obtient par son habileté. De là les passions détestables de l'envie, de la jalousie et de la malice, sources principales de mal et de dépravation dans la vie humaine.

La passion, une fois établie, tend à fortifier l'idée qui lui sert de base; mais de quelle source que nos idées soient dérivées, il faut, selon la loi générale et reconnue de notre nature, que les qualités et les sujets conçus ensemble reviennent à la fois, aussi souvent que l'un des deux se présente à l'esprit. Une chose regardée comme utile ou pernicieuse, revient sous le même prédicat; cette disposition à concevoir les choses de la même manière qu'elles sont unies, est confirmée par l'habitude.

De cette manière, nous n'attribuons pas seulement les qualités aux sujets avec qui elles n'ont pas de liaison réelle dans le cours ordinaire des choses; mais nous attribuons aussi la sensation et l'émotion de l'esprit à des choses qui ne sont pas réellement les objets de ces sensations et de ces émotions : tellement que nous éprouvons l'émotion aussi souvent qu'on nous présente l'objet; et si l'émotion est excitée par une terreur communiquée par d'autres individus, nous recourons à l'objet accoutumé. Le poltron, frappé d'une frayeur panique, croit voir un spectre sortir du sein des ténèbres, ou entendre le fracas des armes dans les airs.

De tous les exemples qui servent à faire mieux connaître cette loi d'association, le langage est le plus familier.

On sait que les signes qui composent une langue sont arbitraires, et qu'ils sont variés à l'infini, selon le choix ou le caprice de ceux qui les emploient; cependant la liaison que l'usage a établie entre le signe et la chose signifiée est telle, que le vulgaire regarde les mots de la langue qu'il parle comme autant d'expressions naturelles, et ceux d'une autre langue comme un jargon, ou comme le fruit d'un caprice qui a porté une nation à s'éloigner du langage naturel. « Pain, *bread*, » disait un Français, sous l'influence de cette croyance. « Pourquoi *bread?* les Français font les choses tout » simplement, ils appellent *pain*, *pain*. »

Le son d'un mot rappelle sa signification, même à ceux qui connaissent l'institution arbitraire des signes; et ceux qui savent plusieurs langues, reconnaissent la même signification dans des sons divers; de sorte que, quoique les choses soient différentes dans la nature et dans leurs effets physiques, de même qu'un nom est différent de la chose nommée, cependant ils les confondent tellement, que la présence d'une d'elles équivaut à la réunion des deux, et les effets qui en résultent sont attribués indistinctement à l'une ou à l'autre. On dit que les mots provoquent, parce qu'on les emploie généralement dans ce dessein; mais on peut se servir de la même expression sans qu'elle produise cet effet, lorsqu'on en a retranché les termes offensans. On peut mettre en question ce qu'un individu affirme, ou ne pas répondre à ses politesses, sans lui faire injure; mais l'effet serait bien différent si on lui disait : Vous êtes un impertinent, ou bien : Vous mentez.

L'association des noms aux choses peut être formée de manière à nous habituer à passer indifféremment de la chose au nom, ou du nom à la chose, comme c'est le cas d'une personne qui parle sa propre langue. On peut s'habituer aussi à passer seulement du nom à sa signification, mais la converse n'est pas aussi aisée; c'est-à-dire qu'il est plus difficile de s'habituer à passer de la signification au nom ; ce qui est le cas de ceux qui ont appris imparfaitement une langue étrangère, et qui comprennent ce qu'on dit, sans pouvoir la parler.

Ce degré de connaissance d'une langue étrangère est comme l'habitude de passer de A à B sans repasser de B à A, une habitude de concevoir le sens quand le mot se présente à nous, et de n'avoir pas le mot tout prêt quand nous voulons exprimer une pensée.

On peut réunir tous ces faits en une loi générale de notre nature :

Que la concomitance des choses ou des circonstances nous habitue à les concevoir à la fois.

De sorte que toute combinaison accidentelle des sujets peut devenir en nous l'objet d'une conception d'ensemble. Une partie équivaut à la totalité; et nous sommes agités par l'apparence d'un, de deux, ou de plusieurs sujets associés, comme si les autres étaient présens; tellement que les personnes qui ne sont pas en garde contre ces associations, peuvent être au pouvoir d'une coïncidence accidentelle ou commune, quant à leurs affections ordinaires ou à leurs passions; et elles montrent dans la vie ordinaire un caractère et un courage qui n'ont d'autre fondement dans la constitution humaine, que l'adoption de certaines idées qui mènent à certaines modifications du caractère; danger auquel l'homme est toujours exposé.

L'honnête homme diffère de l'homme envieux : le premier regarde les hommes comme *ses alliés* et *ses amis*, et l'autre comme des ennemis et des rivaux. Cette différence dans la manière de voir prend sa source dans l'association heureuse que l'un peut avoir faite avec les qualités d'une valeur absolue, et que l'autre peut avoir faite avec des circonstances où les avantages de l'homme sont simplement comparatifs; tellement que l'élévation de l'esprit, la plus noble et la plus puissante qualité de la nature humaine, n'est pas toujours sûre de son but. Pendant que l'honnête homme la trouve dans le mérite, la vanité glorieuse ne la reconnaît que dans le rang, l'ostentation et la renommée.

SECTION XII.

Continuation du même sujet.

L'homme est doué d'une disposition générale à aimer ce qu'il conçoit être bon. Si sa conception est juste, son acception sera ce qu'elle doit être, libre de tout caprice et de l'influence des autres passions.

Les idées humaines n'étant pas toujours puisées dans le cours ordinaire des choses, mais dans les accidens particuliers, tels que la mode, l'affectation, la singularité, et même dans une certaine habitude de penser que l'on a contractée, il arrive souvent que l'idée égare l'affection.

On associe les qualités agréables ou désagréables avec des choses indifférentes quant à leur nature, et l'effet de cette association est de rendre ces choses indifférentes, les objets de l'aversion ou d'un désir capricieux. La vue d'une bouteille qui a contenu une boisson nauséabonde nous fait soulever le cœur, quoiqu'elle soit vidée et nettoyée.

Le langage est, comme nous l'avons déjà observé, le plus vaste champ qui soit offert aux associations arbitraires; la signification est liée si intimement au son, qu'il est presque impossible de séparer ou de distinguer leurs effets. Le reproche provoque, les égards concilient, de même qu'une cause produit un effet.

Dans ces exemples, les termes qui plaisent ou qui offensent ont une signification agréable ou offensante, et nous pouvons comprendre aisément comment une chose, indifférente de sa nature, cause du plaisir ou du déplaisir, quand elle impose à l'esprit le sujet de pareilles émotions. Cet effet résulte de l'association que nous concevons entre l'objet de la passion, et une chose qui autrement nous serait indifférente. Mais comme on peut être possédé par une affection ou une passion, autant de fois qu'on en présente l'objet ou l'occasion, qui ne peuvent exciter à eux seuls de pareilles émotions, on découvre dans tous ces cas l'existence d'une habitude qui nous fait associer les occasions avec les passions, sans l'intervention de ce qui pourrait être regardé comme l'objet naturel de ces dernières. Ainsi nous voyons des personnes effrayées quand il n'y a aucune cause ordinaire de crainte; d'autres flottent entre l'espérance et le désir, quoiqu'elles n'aient là perspective d'aucun avantage. On sait que ces passions opèrent le plus énergiquement, quand l'objet est indéterminé ou inconnu. Voyez le respect profond qui s'empare du dévot, quand il voit le prêtre accomplir en silence les mystères de l'autel, ou quand il entend les sons solennels de la piété dans une langue qu'il ne comprend pas. S'il y a là un objet de vénération, ce ne peut être que celui que l'esprit s'est créé, après que la passion a été excitée. la personne en est peut être également plus possédée, qu'on lui laisse à en deviner la cause, ou qu'elle la suppose trop mystérieuse pour pouvoir la concevoir jamais. Le paradis des fous est toujours un état de jouissance inconcevable, et qui n'a pas de nom.

Il est difficile de concevoir comment on peut acquérir l'habitude d'attacher une affection ou une passion à un je ne sais quoi privé de la qualité d'objet; si la vue d'un objet propre à exciter la passion par association ou autrement était nécessaire, il faut avouer que nous n'aurions jamais pu acquérir cette habitude. Nous pouvons affirmer l'existence d'un objet, quoique nous ignorions entièrement sa nature. Ainsi nous nous imaginons une occasion de joie quand nous entendons les cris de victoire, et une occasion de terreur quand les cris du désespoir viennent frapper nos oreilles; nous partageons ces émotions sur la supposition d'un objet dont nous nous faisons une idée d'autant plus grande que nous ne le connaissons pas, et que nous sympathisons avec ceux qui nous paraissent profondément affectés.

C'est ainsi que les passions se communiquent d'une personne à une autre par une sorte de contagion, sans qu'il y ait communication de pensée, ou connaissance des causes de la passion. La personne à qui une passion est ainsi communiquée, peut se tromper sur son objet, en regardant comme tel un incident ou une circonstance insignifiante, qui peut accompagner l'émotion.

Si une nourrice pousse un cri d'effroi ou manifeste de l'horreur à la vue d'un rat ou d'une souris, le jeune enfant qui lui est confié, aussi effrayé qu'elle, peut, dans un âge plus avancé, éprouver les mêmes émotions toutes les fois que la même cause se répétera.

De quelque manière qu'on explique ce fait, on ne peut douter que des causes frivoles ne produisent des sentimens très-forts: les passions de l'enthousiasme et de la superstition se manifestent par des gestes et des expressions dont la nature et la signification sont également indifférentes et vides de sens; et les plus fortes sensations d'horreur sont causées par la vue des choses qui nous servent ou ne peuvent nous nuire, telles que les animaux domestiques ou les alimens les plus sains. L'aspect d'un chat suffit pour faire dresser les cheveux de certaines personnes; d'autres s'évanouissent à l'odeur du fromage ou d'un ragoût nouveau. Ces craintes et ces aversions capricieuses, prennent le nom d'antipathies; elles germent probablement dès notre plus tendre jeunesse, ou pendant une maladie, et elles acquièrent la force de l'habitude avant qu'on songe à en examiner la cause; de sorte que ce sont autant de mystères pour les personnes qui y sont sujettes et pour celles qui en observent les effets.

On pourrait, je crois, attribuer l'antipathie pour certains mets à l'usage excessif et immodéré qu'on en a fait, et qui a laissé une impression durable de malaise sur la constitution animale; mais dans la plupart des exemples de cette nature, on reconnaît que les organes du sentiment sont plus sous l'influence de la perturbation mentale ou d'une terreur panique, que sous celle de l'aversion ou du dégoût.

Quant à ces sortes de préjugés, il est à remarquer que leur nature est beaucoup plus portée à l'aversion ou à l'horreur, qu'aux sentimens opposés. C'est peut-être une conséquence de l'ordre général de la nature, qui fait que des maux imaginaires se font plus redouter et fuir, que des avantages imaginaires ne se font rechercher.

Dans les exemples de prédilection et de désir, l'admiration pour les titres et les marques d'honneur semble faire la contre-partie des antipathies dont nous venons de parler. Le turban vert en Asie, la croix ou l'étoile en Europe, la richesse des vêtemens et des équipages, sont recherchés et enviés, même par ceux qui ne paraissent affectionner que l'extérieur des choses.

Les exemples de ce penchant capricieux qui nous pousse à l'admiration ou à l'horreur, tirent probablement leur origine de quelque impression accidentelle, ou se lient à quelque chose qui a fortement agité l'esprit; et il pourrait se faire que dans beaucoup de cas, une émotion violente fût équivalente à la ferme conviction de la réalité de son objet : de sorte qu'en raison de l'importance que nous supposons aux sujets, nous nous empressons de nous en former une idée, ou de soutenir avec entêtement les erreurs que nous avons commises relativement à eux.

Nous concevons avec trop de précipitation les objets de superstition, d'enthousiasme, ou d'une ardente ambition : il semble que la présence de passions aussi violentes que celles-là, aveugle l'esprit au point de lui faire repousser tout ce qui pourrait lui prouver son erreur. La superstition défend les recherches ou les doutes sur le mérite de son objet, comme autant d'actes de profanation. L'ambition rejette toute question relative à la valeur de l'élévation ou du rang, comme tendant à l'abaissement et à l'avilissement. On peut prouver à une personne qu'elle s'est trompée sur ses intérêts; mais il est bien rare qu'on la puisse convaincre de s'être méprise quant à sa religion et à son honneur.

C'est une chose reconnue dans l'histoire du genre humain, que les sentimens de piété, sincères ou simulés, peuvent s'unir à toutes sortes de rites extérieurs, à des rites d'une nature commune ou indifférente, ou à des rites entièrement opposés au salut et au bien-être de l'homme.

Les rites, innocens ou indifférens par eux-mêmes, ne sont que les signes arbitraires de la dévotion, qu'ils sont destinés à exprimer; et ayant la même force qu'une langue vivante, il serait absurde de leur refuser toute signification, sous le prétexte qu'ils n'ont pas une connexion primitive avec la chose signifiée. On peut les regarder comme des formes qui expriment les pensées et les affections des hommes; en cette qualité ils ont des droits à notre respect, et étant destinés à exprimer les plus importantes de toutes les significations, il faut les observer avec une vénération et des égards proportionnés.

Il semble que quand les rites ont dans leurs effets physiques une tendance à la cruauté, il est aisé de découvrir les erreurs de la superstition, ou le principe qui peut inspirer de la barbarie; il y a cependant une raison pour croire le contraire.

Plus le rite extérieur est horrible et cruel, et plus il est en rapport avec l'esprit frappé de terreurs superstitieuses. C'est d'après l'influence de ces dispositions que les sacrifices humains sont regardés comme des tributs d'hommage dignes de l'objet de la dévotion; le cercueil devient alors le sanctuaire du culte, et tout ce qui peut contribuer à répandre la terreur convient à l'œuvre qui va s'exécuter.

Les usages des nations superstitieuses confirment ces conjectures; et surtout les derniers détails qui nous ont été communiqués sur les rites des insulaires de l'Océan du Sud, peuples d'un caractère pacifique et doux. Nous découvrons l'affinité des passions dans la transition de l'effet d'un rite cruel aux sentimens d'une vile superstition, ou du sacrifice humain et de la vue d'un cadavre, à l'hommage que ces nations veulent rendre à un esprit méchant.

On sait que nous passons aisément d'un sentiment d'un genre agréable ou désagréable, à un autre qui a la même tendance; de la bienveillance et de l'estime, à l'espérance et à la joie; de la méchanceté et de l'envie, à la tristesse, à la crainte et au désespoir.

La superstition s'établit si aisément, jette de si profondes racines, et produit des effets si horribles, qu'il n'est pas étonnant que les ambitieux l'aient nourrie dans leurs cœurs, afin d'en faire jouer les ressorts sur l'esprit des autres hommes. Les succès de ces aventuriers varient, selon qu'ils mettent la raison plus ou moins de côté, et qu'ils substituent leurs caprices aux sentimens justes et vertueux de l'esprit.

Après la superstition, ou l'enthousiasme religieux, ce sont les associations qui ont pour lien un point d'honneur réel ou imaginaire qui exercent la plus puissante influence sur l'esprit humain. Cette idée une fois reçue, on ne peut la violer sans lui imposer un sens dégradé et avili. C'est en partant de ce principe que nous admirons les airs des hautes classes, les titres, les équipages, les costumes; mais quoiqu'on veuille toujours paraître au-dessus des considérations de l'intérêt, la fortune excite encore plus notre admiration, et nous la regardons comme l'élément qui constitue le rang. Le plaisir même doit tous ses charmes à la différence qu'il établit entre nous et les autres, et la table somptueuse d'un riche flatte plus sa vanité que son appétit.

L'amour de la gloire, joint au courage qui donne la force de supporter toutes les peines, fait triompher le sauvage dans les angoisses de la torture. Mais une association semblable étant l'effet d'une valeur héroïque, prépare le guerrier à des actions supérieures aux forces ordinaires de l'homme. Elle inspire même à un sexe faible le désir d'aller chercher la mort sous les formes les plus terribles et les plus cruelles (1). Elle produit non-seulement des efforts passagers dans des occasions remarquables, mais elle fixe aussi dans l'esprit un attachement durable et solide envers les objets d'ambition choisis par le préjugé ou par un sage discernement.

(1) Dans l'Inde, la veuve se brûle vivante sur le bûcher qui consume le corps de son époux expiré.

Le vulgaire se représente communément le pouvoir, les dignités, la renommée, comme un acheminement à la grandeur et à l'élévation; la passion qui résulte de cette idée est un motif d'action qui ne nous laisse jamais en repos; elle est égale à l'intérêt, quant à la fréquence, et lui est supérieure quant à la force. Quel dommage que les exemples de sa puissance se rencontrent plus souvent dans des cas où elle est égarée par une fausse association, que dans ceux où elle procède du discernement de la vraie dignité, et où elle donne une juste élévation à nos esprits! Mais telle est la condition de l'homme dans la première partie de la route qu'il est obligé de parcourir depuis l'ignorance jusqu'à la connaissance, et pendant laquelle il est forcé de chercher le chemin qui le mène à la perception de la vérité, que des erreurs inévitables lui dérobent à chaque instant.

Nous pouvons supposer que les inégalités entre les hommes ont été observées dans une personne douée d'une mesure de force différente, soit du corps, soit de l'esprit, et que cette personne a été estimée la plus noble, celle qui possédait le plus de ces qualités qu'on désire trouver dans un ami, telles qu'une fidélité inébranlable, la valeur et la générosité.

C'est à ces qualités que nous accordons l'estime, tandis que la fortune ou d'autres avantages qui dépendent du hasard, ne servent jamais à distinguer ceux qui les possèdent. Mais réunies aux distinctions de la fortune et à la différence des rangs, elles conduisent peut-être à une certaine élévation d'esprit, et nous pouvons supposer qu'il s'est formé une espèce d'association de supériorité et de dignité. La richesse attire l'attention, et a pour effet de commander la soumission; et ainsi que le mérite, elle gagne l'estime et l'affection. Le vulgaire peut rarement les distinguer, et l'état de la société exige souvent que ceux qui sont capables de les discerner, ne disputent pas sur leurs effets, et accordent à la fortune la considération due au rang. C'est déjà beaucoup que le commun des hommes conserve le sentiment du mérite personnel, et échappe à la contagion de la bassesse, qui fonde l'élévation sur la richesse, et ne respecte que la prospérité et le pouvoir.

Celui qui a formé ses idées sur la grandeur, au sein des pompes d'une cour asiatique, et a souffert que son esprit soit infecté d'un indigne respect envers les actes cruels et capricieux du pouvoir, sera prêt à rendre hommage à de pareils signes d'élévation toutes les fois qu'on les lui mettra devant les yeux.

Son respect sera augmenté par des regards de mépris, qu'il appelle l'air fier du monarque. L'impression de grandeur lui vient des vêtemens qui le couvrent, et du sceptre qu'il porte en sa main, de sa couronne, de son turban orné de diamans.

Cette prostitution du respect a plus souvent lieu en faveur d'un tyran jaloux, efféminé et cruel, qu'envers le père chéri et le protecteur de son peuple.

On remarque dans tous les rangs de pareils attachemens d'estime ou de mépris, pour les circonstances extérieures et la condition de certains hommes, et tel est l'effet de la supériorité, respectée aveuglément, qu'elle élève tout ce qui s'attache à elle, et abaisse ce qui lui résiste.

Si le rang appartient aux riches, l'argent sera en honneur partout où il se répandra, et tous ceux qui en manqueront tomberont dans le mépris et l'abandon. Sa présence ou son absence influence les jugemens en matière de beauté ou de difformité, de convenances ou d'inconvenances, de mérite ou de démérite (1). Le désir de devenir ce que le vulgaire admire, condamne souvent l'ambitieux à sacrifier toutes les sources de plaisir, à être continuellement inquiet, malheureux, troublé, et tout cela, pour porter en public les marques de distinction établies par la coutume. Combien d'hommes se soumettent à être malheureux dans leur intérieur, pour paraître heureux au dehors!

Cette manière de juger est un principe qui, bien ou mal appliqué, exerce réellement une influence tyrannique sur le gouvernement de notre espèce; il est donc de la plus grande importance que la politique des nations le dirige habilement. Partout où on dresse le drapeau de l'élévation et de l'honneur, il deviendra l'objet de toutes les passions humaines, et donnera lieu aux plus violens efforts de courage et de magnanimité.

---

(1) Tandem res inventa est, aurumque repertum
Quod facile et pulchris et validis demsit honorem.

Nous devons donc être convaincus que l'affection et la passion peuvent être fondées sur l'association imaginaire des sujets et des qualités ; peut-être aussi sur cette habitude d'éprouver des émotions d'un genre particulier, à l'apparition de quelque événement fortuit ; il est, n'en doutons pas, de la plus haute importance d'examiner nos idées et nos passions habituelles, et de rechercher surtout les sujets auxquels nous accordons des sentimens d'estime ou de mépris.

La force de l'association dans ces matières, et son influence sur notre propre conduite, même en opposition avec la conviction et la raison, sont telles que, quoique nous nous apercevions que les notions que nous avons soient mal fondées, nous ne pouvons nous soustraire à leur joug, à moins de détruire une habitude par degrés, et de la même manière qu'on l'a prise, ou jusqu'à ce que nous lui en ayons substitué une autre par le même moyen.

SECTION XIII.

De la volonté et de la liberté du choix.

L'homme a la conscience de la faculté qu'il a de choisir entre les différens objets qui lui sont présentés ; il a également la conscience des considérations qui ont déterminé son choix ; dans les cas particuliers, il peut avoir des inclinations qu'il ne fait pas paraître, et des penchans qu'il est capable de combattre. Sa personne peut être confinée dans un espace déterminé, et la force peut lui imposer une direction quelconque. Les passions de la crainte et de l'espérance l'obligent souvent à choisir ce qu'il voudrait éviter; mais il sait en même temps qu'il ne dépend que de lui de vouloir ou de ne pas vouloir; il joue le rôle qu'il veut, et lui seul est responsable du choix qu'il a fait.

La faculté du choix est un fait dont l'esprit a la conscience, et elle est en outre appuyée du plus haut degré d'évidence dont un fait soit susceptible. Il serait donc inutile de le fortifier par des argumens, et absurde de vouloir en attaquer l'authenticité par les mêmes moyens.

L'axiome, que tout effet doit avoir une cause, ne peut jeter aucune lumière sur le sujet; cet axiome lui-même n'est pas mieux connu que le fait de la liberté de la volonté, et ces vérités sont certainement de la même nature. On a appelé la conscience de la liberté, un sentiment trompeur; mais l'axiome que tout effet doit avoir une cause, est-il plus vrai? Si nous disons que l'axiome est une vérité nécessaire, cela ne peut être que quand il est bien compris. L'effet est corrélatif à la cause, et ils sont inséparables; mais comme il peut y avoir existence sans causes extérieures, de même il peut y avoir volonté sans autre cause que la volonté de l'esprit.

Toute action rationnelle a un motif, car le dessein qui constitue le raisonnement est lui-même un motif; mais l'esprit ne peut-il se déterminer lui-même, et d'après ses réflexions, sur les objets qui lui sont présentés, et devenir la cause de sa propre détermination? S'il y avait une considération d'après laquelle l'esprit fût forcé à vouloir ou à ne pas vouloir, il serait absurde de regarder la volition comme un acte de nécessité, et non de choix. C'est en cela, comme dans beaucoup d'autres cas, qu'en substituant des images mécaniques on égare notre jugement. En adoptant ces images, l'esprit, entouré de ses motifs, ressemble à une balle poussée dans plusieurs sens à la fois, tandis qu'elle ne peut suivre qu'une direction. La volonté est la direction de l'esprit, et elle est toujours telle qu'il la reçoit d'un de ses motifs. Ici l'analogie, quoique loin d'être parfaite, est censée transporter l'idée de nécessité, de la matière à l'esprit; car que savons-nous de la nécessité, si ce n'est qu'un effet suit toujours sa cause?

Dans ce cas, cependant, nous essayons de confondre des choses qui sont loin d'être semblables. Ce qui agit sur la balle n'est pas le résultat d'une seule impression, c'est un composé de toutes; si un corps frappé par des forces opposées, prenait connaissance de leur nombre, de leur direction et de leur puissance, et après avoir vu laquelle est la plus considérable, pouvait avoir le choix de se mouvoir dans la direction d'une force déterminée, l'analogie serait complète; mais la seule conclusion à tirer de cette supposition, au lieu d'étendre la nécessité à l'esprit, communiquerait la liberté à la matière.

En avançant qu'un pouvoir infini doit avoir pré-ordonné les opérations de la volonté, et qu'ainsi ces opérations ne sont pas libres, on se sert d'un argument pris conjecturalement dans un sujet collatéral, pour attaquer un fait dont nous avons la conscience.

La croyance d'une prescience universelle dans la parfaite intelligence de Dieu, qui nous conduit à conclure que tout événement futur est aussi certainement futur, que les événemens passés sont passés, est un argument de même espèce. Ce serait rejeter un fait qui nous est parfaitement connu, sur la foi d'un argument emprunté à un sujet qui est au-dessus de notre portée. Nous ne connaissons pas la nature de l'omniscience divine, et si le Tout-Puissant a laissé une source de hasard dans la nature, nous pouvons supposer que le hasard sert à la perfection de ses ouvrages. On ne peut douter que l'intelligence ne soit une qualité du premier ordre dans l'échelle des êtres créés, et que le discernement et la liberté du choix *ne* soient essentiels aux êtres intelligens.

La science que nous supposons à l'auteur de la nature, embrasse sans doute tout ce qui peut résulter du hasard, qui se mêle à la liberté des créatures intelligentes, et sa providence toute-puissante suffit pour restreindre les effets de cette liberté. Il prévoit, et nous concevons que, sous un tel régime, le mal absolu ne peut peser sur l'univers : car, quel que soit l'effet accidentel de la liberté, on peut toujours y remédier, et il est toujours bon que les êtres intelligens soient libres.

Les décrets du Tout-Puissant ne sont pas moins éternels, à quelque époque qu'ils aient été rendus. La date de leur existence est toujours présente ; tel est l'éternel *présent* vers lequel nous tâchons quelquefois, mais souvent en vain, d'élever nos pensées.

La conséquence que les fatalistes veulent tirer de la nécessité supposée des actions humaines, est absurde. La nécessité consiste dans le rapport du motif et de la volonté. Un choix, sans doute, est fondé sur un motif; mais les fatalistes ne sont-ils pas bien absurdes, quand ils soutiennent qu'ils ne sont pas responsables de leurs mauvaises actions, sous prétexte que l'intention qui a été la cause ou les motifs de ces actions était mauvaise? N'est-il pas évident qu'il en faudrait conclure, non l'impunité pour la personne qui agit d'après un mauvais motif, mais la nécessité d'employer quelques motifs contraires pour balancer ou détruire l'effet des premiers ; et voilà précisément la nature de la punition, soit qu'elle opère par nécessité ou par choix.

Après tout, en traitant de la volonté humaine, on peut disputer sur les noms de liberté et de nécessité; mais les faits notoires sont des bases assez solides pour y élever en toute sûreté l'édifice de la science morale, et aussi haut que le réclameront les besoins du genre humain.

Tout homme sait que, s'il est arrêté ou poussé par une force quelconque, il n'a plus la liberté du choix et n'est plus responsable des conséquences ; que s'il reconnaît l'évidence d'un fait, il n'a plus le choix et doit savoir ou croire que le fait est vrai : tout ce qu'il peut faire, c'est d'examiner l'évidence et de s'en tenir aux effets. Mais si on lui offre pour l'achat de sa maison un prix supérieur à sa valeur, il a le choix et peut accepter ou refuser les propositions. Dans les premiers cas, contraint par la force, ou convaincu par l'évidence, il n'est pas responsable ; mais dans le dernier, il agit de lui-même, et il est sujet au blâme. S'il est dans son bon sens, il aura une raison pour faire ce qu'il fait ; mais il est toujours la personne qui agit, et dont le choix peut encourir les plus vives attaques de la censure ; de même qu'en se méprenant sur la vérité, on peut l'accuser de faiblesse ou de folie, et sur ces considérations reposent les bases de la sagesse morale et des efforts intellectuels qui nous guident dans la recherche de la vérité, de quelque manière que nous appliquions les termes de *liberté* ou de *nécessité* à l'une ou à l'autre.

SECTION XIV.

De la nature et de l'origine de la science morale.

Nous avons considéré la science physique comme un article de l'histoire de l'esprit, qui résulte de l'observation des détails, qui nous conduit, au moyen de l'abstraction et de la généralisation, à une élévation d'où nous pouvons embrasser le système ou l'état actuel des choses, et se termine à l'accomplissement de tout ce qui est possible à l'homme dans l'exercice de ce qu'on appelle ses facultés cognitives.

Nous nous sommes réservé de parler ici de la science morale, qui est aussi un article de l'histoire de l'esprit, afin qu'elle suive l'exposé de la volonté, et les autres fonctions de ce que nous avons appelé la force active.

Cette branche de science se rapporte à la nature humaine, placée sous le point de vue dont j'ai déjà parlé, c'est-à-dire sous celui de son excellence et de son imperfection, et a trait également à la distinction du bien et du mal.

D'autres distinctions intéressent la curiosité humaine; mais c'est sur la distinction du bien et du mal que reposent les situations opposées du bonheur et du malheur. La joie, la douleur, l'honneur, le déshonneur, la satisfaction et la paix de l'âme, ou les remords de la conscience, nous avertissent sans cesse de son importance.

Les hommes étant, les uns pour les autres, les objets les plus intéressans de la scène où ils sont placés, et les caractères du bien et du mal se présentant aussi évidemment à leurs observations mutuelles qu'à la conscience que chacun d'eux a de lui-même, les variétés qu'offrent ces caractères exercent une influence proportionnée sur les émotions et les passions auxquelles le cœur humain est sujet; leurs effets apparaissent dans les sentimens d'approbation ou de désapprobation, d'estime ou de mépris, de vénération ou d'amour, d'indignation ou de haine, dont les personnes deviennent les objets dans le commerce de la vie, parce qu'elles ont des caractères opposés.

Les occasions où l'homme éprouve des sentimens de plaisir ou de remords, commandent notre attention plus que tout le reste de la nature ; parce que les peintures de mœurs sont, de tous les sujets, ceux qui plaisent le plus à l'esprit humain. Voilà d'où viennent les charmes de l'histoire, qui dépeint les actions et les caractères des hommes ; de la poésie qui nous enchante par ses tableaux fictifs ou réels ; d'un discours de morale, qui plaît lorsque les avertissemens, les injonctions et les préceptes s'appliquent aux sentimens d'estime ou de mépris.

Mais voici par quels traits le grand critique voulait apprendre à ses élèves à captiver les oreilles, même celles de la multitude :

Respicere exemplar vitæ, morumque jubebo
Doctum imitatorem, et vivas hinc ducere voces :
Interdum speciosa locis, morataque recte
Fabula, nullius veneris, sine pondere et arte,
Valdius oblectat populum, meliusque moratur,
Quam versus inopes rerum, nugæque canoræ.

HOR. *de Arte poetica*, v. 317.

Comme il n'y a jamais eu de peuple assez stupide pour ne pas observer les premières lois du mouvement, de la pesanteur et de l'élasticité, et qu'il ne s'en est pas trouvé d'assez grossiers pour ne les pas appliquer aux circonstances ordinaires de la vie, de même il n'y a pas une nation sur la terre qui n'ait fait et exprimé la distinction du bien et du mal dans les termes les plus clairs d'estime ou de mépris, d'applaudissement ou de censure.

Au titre des *Recherches et découvertes de l'homme*, nous aurons occasion de déterminer, comme une partie de l'histoire de ses progrès, la route qu'il a suivie depuis les observations les moins étendues d'une loi physique, qui est l'origine d'une des branches de la science, et depuis l'appréhension d'une loi morale, base de l'autre branche de science, pour arriver à un système plus large, plus lumineux, et plus étendu. En même temps nous essaierons de réunir les premières règles de la raison en rapport avec la conduite des recherches morales, comme nous l'avons déjà fait en nous occupant des recherches qui servent à l'examen des lois physiques, ou de l'ordre général des faits.

Ces différentes classes de sciences s'accordent en ce point, qu'elles donnent la connaissance des lois de la nature et de leurs applications; mais ces lois de la nature peuvent être comprises et appliquées différemment. Une loi physique de la nature est un état général de ce qui est uniforme ou commun dans l'ordre des choses; elle s'adresse aux facultés de la perception et de la sagacité. Une loi morale de la nature est également générale, quoiqu'elle ne soit pas l'expression d'un fait, mais de ce qui est bien, et elle s'adresse aux facultés de l'estime et du choix.

Quant aux sujets de loi morale, la loi ne détermine pas quel peut être leur état actuel; mais elle ordonne ce qu'il faut faire ou éviter.

La loi physique sert à former la théorie, ainsi qu'à expliquer les phénomènes ; elle est la base du *pouvoir*. La loi morale sert à déterminer les choix des agens volontaires, et leur suggère les desseins auxquels ils doivent appliquer leur *pouvoir*.

Comme, dans la science physique, nous avons pour objet d'examiner et de comprendre l'état actuel des choses, nous ne pouvons plus admettre d'hypothèses ou de suppositions dans les lois de la nature ; et dans la science morale, ayant pour objet de choisir ce qui est excellent, on ne peut citer un fait qui paralyse les efforts que nous faisons pour arriver à quelque chose de mieux que l'état actuel où le sujet se trouve.

Parmi les faits ou les réalités, l'estime morale se dirigeant toujours vers ce qui est bien, sans dépendre du fait, la loi première et fondamentale de la morale, par rapport à l'homme, sans faire attention à l'état actuel du genre humain, doit être l'expression de la plus haute perfection dont la nature humaine est capable. Tel est l'objet principal de nos soins et de notre étude ; et s'il existait quelque bien plus parfait, les bases que nous avons posées seraient mauvaises, et nos efforts inutiles.

Vouloir substituer une théorie, même celle de l'esprit, à la science morale, serait à la fois une erreur et un abus. Cet abus a été commis par tous ceux qui tirent la distinction de la science physique et de la science morale, du sujet auquel elles se rapportent, et non des objets auxquels on les applique. Ils supposent que la science physique est la connaissance des objets matériels ; et la science morale, la connaissance de l'esprit ou des sujets intellectuels; et, conformément à ces idées, ils placent la spéculation théorique sur le sujet de l'esprit parmi les discussions de la philosophie morale. Dans leur système, l'*approbation* et la *désapprobation* morales ne sont que de simples phénomènes à expliquer; et c'est à ces explications que se termine leur science morale. On suppose que les phénomènes de l'approbation morale ne sont qu'une apparence diversifiée de la considération qu'on porte à l'intérêt privé, à l'utilité publique, et à la raison des choses; on a supposé aussi qu'ils résultaient de la sympathie qui existe entre un homme et un autre.

Mais si on pouvait expliquer ainsi un sentiment moral par quelque chose différant de lui-même, tel que l'intérêt, l'utilité, la raison ou la sympathie, on n'arriverait qu'à une théorie, et il serait difficile de dire ce que la science gagnerait à ce qu'un premier acte de l'esprit soit résolu dans un second, qui n'est pas mieux connu que le premier. L'effet d'une théorie appliquée ainsi la plupart du temps, a été de rendre la distinction du bien et du mal moins sensible qu'elle ne l'est dans les expressions d'estime et d'amour, d'indignation ou de mépris.

Tout ce que nous substituons à un objet d'estime morale, devient un objet de prédilection et de désir. Si nous substituons l'utilité ou le profit aux règles de l'excellence morale, il faut en conclure qu'être *vertueux* et *intéressé* sont des termes synonymes; ou si, à la place de la vertu, nous mettons quelque chose d'une nature vile, comme quand nous substituons l'orgueil à l'élévation des idées, il est évident que nous égarons moins les efforts des hommes, que nous n'étouffons le principe d'où leur attention est dirigée sur les progrès de leur propre nature. Si on regarde la sympathie comme le principe de l'estime morale, il est évident que nous admettons comme une règle du bien ce qui peut être faux en certaines occasions, ou ce qu'il ne faut pas estimer au delà de son degré de justesse et de propriété; restrictions qui présupposent une règle antérieure d'estime morale, qui juge même la rectitude de la sympathie.

Il appartient à la philosophie morale de déterminer et d'appliquer cette règle, en évaluant la raison des hommes, leurs sympathies et leurs antipathies, le bien et le mal qui caractérisent tout acte de l'esprit et toutes les circonstances de la vie.

Un être susceptible de bonheur ou de malheur ne peut s'empêcher d'observer les lois de la nature, par qui ces états opposés sont dispensés. Leur investigation et leur application, bien ou mal exécutées, sont donc des opérations essentielles à la nature intelligente de l'homme, et c'est cette branche de l'histoire de l'esprit humain que nous appelons philosophie morale.

SECTION XV.

Des sources de la religion parmi les hommes.

Parmi les ouvrages dans lesquels l'homme fait paraître une variété d'invention inconnue à toutes les autres espèces animales, on en remarque qui ne se rapportent nullement à ses besoins ordinaires, et qui ne tendent pas à augmenter son bien-être. Tels sont les édifices qui ne servent ni à son logement ni à sa défense; en un mot, les temples et les lieux de la célébration du culte, où il semble communiquer avec quelque puissance invisible, et comprendre la présence d'un je ne sais quoi, supérieur au genre humain.

La perception d'un pouvoir intelligent qui préside à la nature, est générale, et c'est une des distinctions particulières à l'homme. Il n'y a pas de peuplade assez sauvage, dit Cicéron, pour ignorer qu'il y a un Dieu, quoiqu'elle ne sache pas l'idée qu'il faut s'en former (1).

L'homme ne paraît pas avoir besoin d'être instruit de ce premier point général.

Chez presque toutes les nations de l'ancien monde on trouve un système de théologie, des prêtres, une forme de culte, et des autels dressés en l'honneur d'un dieu connu ou inconnu. Dans le nouveau monde, où on ne

---

(1) Nulla gens tam fera, quæ non sciat Deum habendum esse, quamvis ignoret qualem habere deceat. (DE NATURA DEORUM.)

rencontrait pas toujours ces institutions, les nations n'étaient pas exposées à l'accusation de brutalité que Cicéron met en avant; car elles rendaient aussi certains honneurs au pouvoir intelligent qui gouverne le monde.

Nous demanderons donc quelle peut être l'origine de cette idée? conduit-elle l'esprit humain à s'éclairer davantage, et à mûrir ses conceptions? l'homme aperçoit-il dans l'aspect et dans les opérations de la nature la présence et la preuve du pouvoir intelligent, comme il distingue dans l'aspect et les ouvrages de ses semblables un esprit fait comme le sien, pourvu des mêmes facultés et d'intentions correspondantes?

Nous pouvons répondre à ces questions que si l'idée d'une cause finale ou d'un dessein emporte la perception de l'intelligence, si le dessein est l'attribut particulier de l'esprit, et s'il y a dans la nature des choses quelque indice d'une cause finale ou d'un dessein, nous pouvons rapporter la première appréhension que nous avons du pouvoir intelligent au système de la nature.

Il est difficile d'indiquer précisément le point d'où cette idée jaillit pour la première fois. Dans l'état le plus grossier et le plus simple de l'espèce humaine, elle peut venir de l'accord des parties dans la construction des sujets les plus familiers, ou des occasions qui alarment vivement l'esprit, et lui font craindre qu'une force quelconque n'ait l'intention d'interrompre et d'intervertir le cours ordinaire des choses.

Il est probable que l'appréhension d'intentions bienfaisantes dans la nature, prend sa source dans quelques exemples propres à justifier une pareille idée, tels que la construction parfaite et les avantages dont nos organes animaux sont doués. Il y a dans chaque animal un instinct qui lui indique ceux dont il faut se servir; un poussin, à peine sorti de l'œuf, court chercher sa nourriture, et donne déjà des coups de bec; le quadrupède, au jour de sa naissance, imprime ses pas sur le sol, et s'attache à la mamelle qui doit le nourrir. Cette impulsion instinctive, combinée avec l'intelligence dans l'homme, produit une perception qui nous apprend que l'organe a été fait pour l'usage auquel on l'applique. Qui a jamais pu douter que l'œil ne fût fait pour voir, l'oreille pour entendre, la bouche pour recevoir la nourriture, que les pieds ne fussent destinés à marcher sur le sol, nos mains à saisir, et à s'emparer de tout ce que l'homme veut s'approprier?

Cette perception du dessein de la nature suit l'esprit humain dans tous ses états, limité ou agrandi, borné à l'organisation d'un animal ou d'une plante, ou étendu à la combinaison des parties multipliées à l'infini dans les systèmes terrestre ou solaire. La partie porte l'empreinte du dessein, dont l'évidence ne fait que croître, à mesure qu'on découvre la construction du tout.

Cette nature, si parfaitement appliquée à la constitution des individus, s'applique aussi à leur réunion en un système, soit qu'ils habitent la terre ou le soleil et les planètes, dont la terre n'est qu'une partie; tellement que l'homme le plus ignorant peut reconnaître les mêmes marques de dessein au premier aspect des choses qui l'intéressent le plus intimément, tout aussi bien que le savant qui les trouve dans le système ou l'ensemble de la nature.

Nous ne déciderons pas si l'instruction qu'on retire du premier aspect des choses est recueillie par tous les spectateurs, ou seulement par un petit nombre d'individus doués d'un discernement supérieur, qui la transmettent et la rendent plus profitable au commun des hommes : cela n'est pas nécessaire à l'argument dont nous nous occupons actuellement, qui consiste à prouver que la religion a été, pour toutes les nations et tous les siècles, un présent de la nature ; car chez tous les peuples et dans tous les siècles, on ne trouve que peu d'hommes propres à recevoir et à communiquer aux autres l'idée d'un dessein dans les ouvrages de Dieu.

C'est cet admirable livre qui découvre enfin à l'homme le secret de sa propre destinée, et qui le rend capable de devenir un instrument conscient et volontaire, qui, dans les mains de son créateur, sert a l'accomplissement de ses œuvres.

Parmi les divers fondemens qu'on donne à la différence du bien et du mal, la volonté de Dieu, qui commande l'un et défend l'autre, a été prise par quelques-uns pour la seule base réelle de cette distinction.

La volonté de Dieu est sans doute une autorité suprême, et là où nous la connaissons, nous n'avons pas besoin de recourir à une autre ; mais il lui a plu que sa volonté, dans son premier mode de manifestation, se déclarât au moyen de l'ordre établi dans ses ouvrages. Les natures opposées du bien et du mal sont nos plus sûrs guides pour nous conduire dans la vie, et faire ce que commande la volonté de Dieu. C'est en cherchant le modèle ou le type de ce que l'on sent d'avance être bon, qu'on arrive à l'idée la plus haute et la plus parfaite qu'on puisse avoir de l'Être suprême.

En prenant le terme moyen de cette idée, plus ou moins développée chez les diverses nations, nous l'évaluerons plutôt comme l'indice d'un bien-être futur, que comme la preuve d'un état arrivé à son dernier degré de perfection. C'est, comme beaucoup d'autres articles de l'histoire des progrès et des variations de l'homme, une base sur laquelle nous pouvons construire, un germe qui peut acquérir en se développant une dimension et une force infinies ; on peut la considérer aussi comme une des matières les plus grossières sur lesquelles l'homme exerce ses talens pour les arts.

L'homme est tellement disposé à opérer sur ses premières données, soit pour les étendre ou les perfectionner, ou les assujétir aux formes de quelques préjugés favoris, à ses affections ou à ses passions, qu'il est probable que nous ne pourrions retrouver l'idée de Dieu sous la même forme qu'elle avait lorsqu'elle jaillit de l'aspect général des choses de l'univers.

De même que le sage et l'homme heureux peuvent

avoir agrandi cette idée, de même l'homme abruti et dépravé peut l'avoir corrompue et abaissée au-dessous du niveau de la raison ordinaire.

Observons qu'en créant, l'auteur de la nature paraît se restreindre à une certaine variété de genres et d'espèces, mais qu'il multiplie et diversifie à l'infini les individus. Un grand nombre d'individus ne forment qu'une espèce, et beaucoup d'espèces ne peuvent constituer qu'un genre. Le système de la nature est un, et consiste en plusieurs ordres et classes d'êtres; et le dessein qui apparaît dans toutes les parties, se résout dans un dessein commun au tout. La nécessité d'une cause efficiente, ou la connaissance de desseins opposés, ne peuvent faire supposer la pluralité des dieux. Les hommes en général sont si peu en état de se livrer à une suite d'observations et de pensées sans aucun mélange d'erreur, que le polythéisme a été plus généralement répandu que le théisme; c'est-à-dire que la croyance de plusieurs dieux a été plus fréquente que la croyance d'un pouvoir suprême, intelligent. Les nations ont dressé la liste de leurs dieux sur le modèle de la race humaine; ils sont en grand nombre, et distingués entre eux par le sexe et par l'âge autant que par le rang.

Telles sont les erreurs dominantes de l'esprit humain, lorsqu'il poursuit la première idée qu'il a du pouvoir intelligent qu'on suppose exister dans la nature.

C'est en corrigeant ces erreurs, et en observant l'ordre de la Providence, que l'esprit humain peut avancer dans la partie de ses connaissances qui se rapporte à ce sujet, et c'est le complément de tous les avantages que l'homme peut obtenir dans le développement de ses facultés intellectuelles.

Quoique le polythéisme soit entaché d'un préjugé que l'homme tire de l'analogie de sa propre nature, et de la variété que présentent les caractères de ses semblables, il est cependant probable que la pluralité des dieux n'a pas été imaginée par une seule personne, mais qu'elle est le résultat ou la réunion des idées que plusieurs hommes se sont formées, d'après les suggestions de leurs situations et des circonstances particulières où ils se sont trouvés.

Chaque nation ou tribu suppose que la providence de Dieu tire son caractère des circonstances dans lesquelles on l'emploie. Sur les bords de la mer, la divinité est maîtresse des flots et des tempêtes : dans l'intérieur, c'est la protectrice des laboureurs ou des bergers; elle règle les saisons, et c'est la seule puissance à qui l'homme puisse s'adresser pour faire mûrir et prospérer les moissons.

Il n'y a peut-être pas d'exemple qu'une nation quelconque ait originairement imaginé plus d'un dieu : mais les récits des croyances des différens peuples, formèrent par leur réunion un catalogue de divinités séparées; et lorsqu'on eut réuni des rapports sur différens points, on attribua à tort à plusieurs dieux ce que chaque nation n'attribuait qu'à un seul.

L'esprit dans lequel ces rapports sur un dieu reconnu par une nation, et différent du dieu reconnu par une autre, étaient reçus mutuellement par leurs partisans respectifs, variait suivant les circonstances. Souvent les prétentions d'une divinité pouvaient s'accorder avec celles d'une autre, et on les conciliait; dans cette supposition chaque nation rendait à sa divinité le culte qui lui était dû, sans faire tort à celle des peuples voisins, et sans qu'il y eût d'animosité entre les adorateurs.

Dans d'autres cas, les prétentions ne pouvant s'accorder, on regardait les divinités comme rivales; et les nations, enrôlées sous les bannières de leurs dieux respectifs, se faisaient une guerre continuelle.

Il est passé en proverbe que l'abus des meilleures choses est un mal, et cela est surtout vrai quant à l'abus de la religion. La religion est l'acquisition la plus précieuse et la plus utile de la nature humaine; mais ses abus entraînent de grands maux: alors elle enchaîne la liberté de la pensée, excite les haines, les vengeances, les cruautés, plus puissamment que tous les autres mauvais principes de l'esprit humain.

Le polythéisme était une croyance douce et innocente, comparée à l'idée d'une divinité qu'il faut apaiser par des bassesses et des cruautés, et dont le culte est non-seulement absurde, mais dangereux pour l'homme.

Quand on croit que le dieu qu'on sert est un esprit méchant, qui s'offense de la négligence apportée à son culte, et qu'on apaise en s'y conformant servilement, on l'adore plus par crainte que par amour et confiance ; non cette crainte qui tourmente le coupable, et dont on ne peut se rendre compte, mais une crainte qui résulte de l'incertitude de ce que l'homme peut attendre d'une puissance capricieuse, qui poursuit ses desseins aux dépens de ses propres créatures.

Les hommes, pendant les siècles de barbarie, regardaient leur dieu comme un tyran jaloux, dont ils ne pouvaient éviter les caprices et les demandes, même en menant la vie la plus belle et la plus innocente que la raison puisse suggérer. Quand un grand malheur venait à les frapper, ils avaient recours aux devins pour en découvrir la cause ; ils semblaient croire que la verge de la colère céleste était levée continuellement, et qu'on n'en pouvait éviter les coups que par l'adulation, les pénitences volontaires et les sacrifices.

Les hommes instruits ne peuvent pas toujours corriger ces erreurs, ou interpréter fidèlement les signes de sagesse, de bonté et de justice qui apparaissent dans le gouvernement de ce monde ; tellement que la réalité de manifestations pareilles, dans le système de la nature, a été attaquée par des argumens pleins d'esprit, et qui ont toute l'apparence de la raison : nous examinerons dans la section suivante sur quoi ils sont fondés.

SECTION XVI.

De l'origine du mal.

What in me is dark,
Illumine; what is low, raise and support;
That, to the height of this great argument,
Y may assert eternal Providence;
And justify the ways of god to men.

Voilà la pierre d'achoppement que les athées opposent à la religion, et que les théistes s'efforcent de repousser.

Ceux qui ont entrepris cette tâche difficile, nous disent que la nature veut qu'on observe les lois générales, quand même leurs effets pourraient être dangereux dans certains cas; ils ajoutent que nous ne nous plaignons du mal auquel nous sommes en butte dans la vie humaine, que parce que nos intérêts particuliers sont contraires aux intérêts généraux.

Quelque satisfaisante que soit cette raison, pour celui à qui les idées d'ordre universel et de bien général sont familières, il faut reconnaître que les hommes en général ne portent pas leurs regards au delà de la cause de leurs plaintes, et qu'ils tiennent pour certain que tout ce qui leur nuit est naturellement mauvais. On peut leur imposer silence, en leur prouvant que cet ordre de choses est en harmonie avec la nature de l'homme et de toutes les intelligences créées, et qu'il est nécessaire, dans un système dont l'être intelligent est la forme principale, et où il occupe le degré d'existence le plus élevé.

C'est par des recherches exactes que nous parviendrons à déterminer le sujet, et à considérer ensuite si les imperfections de la condition et de la constitution de l'homme suffisent pour réfuter les premières idées qu'on a de l'existence d'un pouvoir bienfaisant et sage.

Les ouvrages de la nature offrent une variété infinie, et cette variété paraît avoir été un des objets de leur formation.

Dans les trois règnes, nous remarquons une différence continuelle entre les espèces, les genres et les individus, et cependant il y a une certaine analogie entre tous les composans d'un même règne; les qualités sont distribuées de telle sorte, qu'il y a entre elles une obligation de service mutuel, qui fait reconnaître très-évidemment la présence d'un pouvoir intelligent, qui, en variant les parties, les a disposées et liées entre elles si heureusement.

Les parties qui constituent le système de la nature, se soutiennent entre elles comme les pierres de l'arche d'un pont; mais leur beauté n'est pas du genre stationnaire. Les principes du mouvement et de la vie combinent leurs effets, en constituant un ordre de choses qui est à la fois variable et permanent. Les forces de la végétation et de la vie animale viennent au secours des principes mécaniques: le tout est vivant et agissant; la scène change perpétuellement, mais dans ses changemens elle montre une régularité plus frappante que celle que pourrait offrir toute autre forme en repos.

L'homme avec ses facultés intellectuelles, placé au sommet de cette échelle terrestre, vient, comme la clef de la voûte, compléter le système. Il marque son passage sur la terre par ses efforts continuels pour accomplir un dessein particulier, qui fait naître la forme que les sujets matériels ont prise; il veille à la propagation des plantes et des animaux qu'il aime; il détruit tout ce qui lui est inutile ou nuisible; il éclaircit l'épaisseur des forêts, dessèche les marais, ou les fait s'écouler dans la mer; il marque sa propriété, cultive son champ, élève des cités; il est lui-même, ainsi que les productions de son génie, toujours présent à ses propres yeux, et devient le principal objet de la scène du monde; il franchit l'océan, et force l'air et l'eau à exécuter les mouvemens qu'il leur prescrit.

Ce génie de la variété, que l'on reconnaît si aisément en comparant deux espèces différentes, s'étend aussi jusqu'à l'ordre dans lequel une espèce change, par rapport aux individus qui la composent; les générations qui *étaient* et qui *sont*, se pressent pour faire place à celles qui vont les suivre.

Dans cette scène merveilleuse, la force agissante était originairement créatrice, et l'est également dans la succession des temps; tandis que les choses qui *étaient*, passent, celles qui ne *sont* pas encore, vont *être*. Les individus sont faits non-seulement pour se succéder les uns aux autres, mais de nouvelles formes et des aspects variés doivent se succéder dans le même individu. Depuis le premier germe des végétaux, depuis l'embryon de l'animal, tout individu se perfectionne en avançant vers la maturité de son espèce; et de là, il décline et approche continuellement de sa dissolution.

Ce perfectionnement a lieu dans la nature morale et intellectuelle de l'homme, aussi-bien que dans sa marche vers son état le plus parfait, ou lorsque ses facultés animales commencent à décliner. Privé des bienfaits de la connaissance, il se met à concevoir les choses, ou à diriger ses penchans; ses facultés et ses découvertes font des progrès égaux. Précédée par l'ignorance, la science qu'il acquiert a sa source dans la capacité d'observer et de penser. Il faut d'abord qu'il lutte avec les apparences trompeuses des choses; l'expérience et des observations continuelles lui font découvrir la vérité. La connaissance est l'aliment que la nature a destiné à l'esprit qui se développe; ses facultés trouvent de nouvelles forces, en s'exerçant à recueillir cette nourriture.

Le travail est pour l'homme une source de jouissances, et les facultés qu'il y applique s'y perfectionnent. L'art se communique du maître à l'élève, d'une génération à celle qui lui succède; de manière que les progrès de l'espèce humaine, loin d'être restreints à l'âge ou à l'individu, comme dans les animaux, passent de siècles en siècles.

Comme l'exercice est l'école du pouvoir intelligent, l'homme est environné de tous côtés par des occasions qui exigent ses efforts. Il se sent gêné par des inconvéniens dont il veut se garantir, et privé d'avantages qu'il désire acquérir ; enfin il éprouve beaucoup de difficultés et de dangers à éloigner les premiers et à obtenir les seconds. Toutes les substances qu'on lui présente dans leur état naturel, sont grossières et peu propres à son usage ; les produits spontanés du sol ne peuvent le nourrir en aucune façon ; les poisons même se mêlent aux alimens que la terre lui destine. Il faut qu'il sépare avec le plus grand soin ce qui est sain de ce qui est dangereux. Il a le désir de connaître ; mais l'objet de ses recherches se dérobe à ses yeux sous une variété d'apparences embarrassantes. Il est disposé à vivre en société, et cependant il frémit à l'aspect des maux dont il la trouve menacée. L'objet qu'il désire est-il éloigné, il se flatte qu'après l'avoir atteint, ses travaux finiront ; mais en approchant du terme supposé de ses désirs, il s'aperçoit que ses espérances étaient trompeuses, et, engagé dans de nouvelles routes, il recommence ses travaux. Les organes qui lui font connaître le plaisir, l'exposent aussi à un plus grand nombre de peines.

Voilà ce qui excite les plaintes de l'homme, et ce qui, joint à d'autres maux aussi réels, obscurcit en lui l'idée de la providence de Dieu ; mais un spectateur indifférent, qui compare l'acteur avec la scène où il est placé, ou l'élève avec l'école qu'il fréquente, voit que le tout a été ordonné avec sagesse et avec bonté. Il est évident qu'un état dans lequel il y a des objets à désirer et à éviter, convient à un être actif, comme l'air convient aux ailes de l'oiseau, l'eau aux nageoires des poissons; sa place dans le système de la nature est déterminée par la structure respective et l'organisation de chaque espèce, dans les divisions du règne animal.

L'homme, outre une âme rationelle, a des organes animaux qui lui servent à percevoir et à observer le système de la nature qui l'entoure. Les besoins et les imperfections de sa constitution animale sont les premiers motifs qui l'excitent à l'activité. Ses facultés intellectuelles s'essayent et se perfectionnent, en passant de l'apparence à la réalité, que le premier aspect des choses ne fait souvent que déguiser.

Parmi les signes qui lui indiquent ce qu'il faut éviter, ou ce qu'il doit préférer, la douleur n'est pas moins instructive que le plaisir; la main qui inflige l'une n'est pas moins bienfaisante que celle qui dispense l'autre. Sa destinée est d'apprendre; il doit donc se soumettre à toutes les privations de l'école, et ne pas s'attendre au repos et à la mollesse. Les meilleurs marins se forment au milieu des orages; la difficulté et le danger, voilà où l'homme doit prendre sa science et son courage.

Quand un observateur voit la nature et la destination de l'homme sous ce point de vue, il découvre la cause finale; l'évidence de la sagesse et de la bonté de la Providence sort du terrain même sur lequel l'athée attaque leur réalité : la preuve de la bonté de l'auteur de la nature apparaît jusque dans les imperfections avec lesquelles l'homme est né, dans les œuvres qu'il doit accomplir, dans les difficultés qu'il a à vaincre, dans les périls auxquels il est exposé, et dans les malheurs qui le forcent à recommencer ses travaux et à les répéter continuellement.

Nous ne pouvons percevoir la nécessité de circonstances pénibles ou malheureuses, dans tel ou tel cas; mais nous savons que notre sort est de les supporter, que notre expérience est compromise sans cesse par les effets de la sagesse mêlés à ceux de la folie, et que nous devons faire tous nos efforts pour donner de la force aux effets de la première et rectifier ceux de la seconde.

L'activité de la vie n'est pas seulement l'école de la sagesse et de la vertu pour l'homme; elle constitue aussi ses plaisirs et son bien-être.

Si nous supposions un état tel que celui que l'athée prétend nécessaire pour qu'on parvienne à prouver la sagesse et la bonté de Dieu, c'est-à-dire un état dans lequel tous nos désirs seraient satisfaits sans délai, sans difficulté, ou sans peine, il est évident qu'on anticiperait sur la fin de tous nos travaux; l'activité serait paralysée, les facultés ne seraient pas employées, et l'esprit ne servirait plus qu'à nous donner la conscience de notre langueur, et nous deviendrait aussi insupportable que la satiété et une oisiveté continuelle.

Dans cette supposition, toute la force d'activité qui

distingue si particulièrement la nature humaine, deviendrait superflue, et ne servirait qu'à troubler son repos, ou à favoriser son penchant aux plaisirs communs, qui résultent de l'indolence et de la fainéantise.

Un tel état n'est pas fait pour cet être actif et ambitieux, pour qui l'espérance d'un bien futur est un nouvel encouragement au travail, sert au perfectionnement de ses facultés intellectuelles, et le rapproche de cette puissance dont le partage est la bonté et la sagesse, et qui en dispense les trésors sur l'homme, dont nous considérons le sort; sur l'homme qui découvre l'existence d'un auteur infiniment bon et bienfaisant, dans l'ordre admirable qu'il a établi dans ses ouvrages.

Tel étant le caractère de la nature de l'homme; quant à ses facultés, ses plaisirs et son penchant à l'activité, la nécessité d'un univers gouverné par des lois fixes devient évidente.

Si les lois se multiplient et combinent leurs effets à un certain degré de complication, la pénétration de l'homme s'exerce à observer le point de réunion de leurs opérations; il augmente sa sagacité à en prévoir le résultat, et son adresse, en appliquant ses moyens au but qu'il veut atteindre. Si toutes les lois de la nature n'étaient pas fixes, toutes ces facultés nous auraient été données en vain. S'il n'y avait pas quelque rapport de cause et d'effet, le sage ne pourrait avoir aucune prévoyance, et ne pourrait employer aucun expédient pour arriver à son but.

De sorte que l'ordre établi n'a pas plus de rapport avec la nature de l'homme qu'avec celle de tout être intelligent en général. C'est le propre ouvrage de Dieu, la propre étude de l'homme, la base de la sagesse et de l'art.

Cependant, si quelqu'un disait que l'univers est trop vaste pour qu'il le conçoive, et qu'il ne sait pas ce qui convient ou non à un objet pareil, on lui répondra qu'il peut néanmoins s'apercevoir qu'un ordre de choses dont le cours est déterminé par des lois fixes, est une scène favorable aux êtres intelligens; qu'il y a dans la nature une classe supérieure d'existence, pour qui toutes choses ont été créées; et il peut se hasarder à décider que toute forme de procéder qui convient le mieux au monde de l'intelligence, est le véritable état de cet univers, dans lequel cet ordre d'êtres est ce qu'il y a de plus élevé.

On a dit avec beaucoup de raison qu'il est de l'essence de la nature d'être gouvernée par des lois fixes, et qu'elle ne s'écarte pas de la loi générale, sage et bienfaisante, même quand elle fait naître quelques inconvéniens particuliers; car le sage peut les observer, apprendre à en tirer parti, et à éviter tous les dangers qui résultent de l'inattention ou de l'ignorance.

Certains faiseurs d'argumens me semblent enfoncés bien avant dans l'erreur, quand ils veulent anéantir l'existence de l'esprit et de la Providence, en faisant rapporter les opérations de la nature à leurs lois physiques; car la loi physique est l'opération caractéristique d'un esprit qui ne peut errer. Un tel esprit fait ce qu'il a toujours fait, et ne peut changer; car changer, serait s'écarter de ce qu'il y a de plus parfait.

Jusqu'ici cet argument a rapport aux circonstances de la vie humaine et au mal physique qui est mêlé et attaché à la condition d'homme; mais la dépravation de la nature humaine, la fréquence de ses actions criminelles, sont des maux plus réels, et qu'on peut moins aisément concilier avec l'idée d'un auteur juste et bienfaisant.

La solution ordinaire, et sans doute la véritable solution de cette difficulté, est que l'homme étant intelligent et libre, est seul comptable des actes de sa volonté. La volonté ne peut être forcée à tel ou tel dessein, sans que la qualité morale de la personne qui est ainsi forcée ne soit transférée à la volonté qui la contraint.

Sous l'empire d'une règle morale, la vertu peut exister et croître; mais sous l'influence d'une nécessité purement physique, elle ne peut exister que dans la force qui impose la nécessité.

Un être destiné à acquérir la perfection doit commencer avec des défauts; et l'existence du vice, qui résulte pour un temps de ces défauts, se concilie avec la bonté de Dieu; mais dira-t-on, la méchanceté ne jette-t-elle pas dans le cœur de l'homme de plus profondes racines que l'erreur? — Cela peut être; mais si l'erreur suffit pour développer le germe de cette plante empoisonnée, n'allons pas chercher des racines plus profondes. La raison nous ordonne de ne pas chercher plus de causes qu'il n'y en a dans la nature, et plus qu'il n'en faut pour expliquer les phénomènes (1).

L'erreur peut engendrer les rivalités, les querelles et l'injure, qui développent si bien la méchanceté. L'agresseur hait, parce qu'il a peur et se défie de celui qu'il a offensé; l'offensé hait par indignation et par ressentiment.

Pour conduire l'homme à ces sentimens, il n'est pas besoin de le faire naître avec un penchant à l'agression ou à l'injure. Dans toute rivalité, qui ne peut finir que par le succès d'un homme aux dépens d'un autre, l'idée de l'acquisition d'un avantage quelconque suffira pour nourrir entre les deux parties une défiance, une jalousie et une haine mutuelles.

Parmi les erreurs auxquelles l'homme est exposé quand il essaie d'acquérir des notions sur le bien et sur le mal, il y en a une qui est particulièrement dangereuse pour la paix de la société, et qui peut infecter l'esprit des poisons du vice; c'est la fausse idée de la préséance ou des avantages comparatifs, tels que le rang, le pouvoir, la richesse, ou l'excellence, et l'habitude de considérer les choses non pas sous le rapport de leur valeur absolue, mais sous celui des relations comparatives de petitesse ou de grandeur qu'elles ont avec l'état des autres hommes. Si l'un veut marcher le premier, il faut que

(1) *Vid.* Regulæ philosophandi Newtoni.

tout le reste suive ; l'élévation de l'un nécessite l'abaissement des autres. La célébrité consiste à faire parler de soi plus que les autres ne font ; et la richesse, à avoir plus d'aisance que les membres de la communauté. Sous ce point de vue, l'industrie d'un homme qui cherche à améliorer sa position, est contraire et nuisible à son semblable ; les hommes sont mutuellement rivaux et ennemis ; les occasions de défiance, d'animosité et de méchanceté sont plus fréquentes que celles de confiance et de bienveillance.

Par ces idées du bien et du mal, les occasions de haine et de jalousie s'accumulent à mesure que la lutte s'engage ; elles sont plus fréquentes dans les rivalités qui ont pour objet la réputation, la puissance, l'amour, la faveur. Il semble que pour les faire cesser il ne nous faudrait qu'une idée du bien, limitée à des choses dans lesquelles le succès d'un homme est inséparable du succès de ses semblables ; et que la vérité nous conduisît à la connaissance d'un bien que nous puissions considérer comme l'état présent de l'homme, et à ne regarder le temps de son existence qui s'écoule que comme une transition à un état meilleur, où la méchanceté sera corrigée par les progrès de la science, et où toute autre mauvaise disposition résultante de l'ignorance ou de fausses idées disparaîtra.

Pour qu'il y ait des agens moraux dans la nature, le choix de leurs actions doit être libre, ou tout au plus soumis à une règle qui puisse laisser à l'esprit assez d'occasions d'observation et d'expérience pour qu'il rectifie ses erreurs et redresse ce qu'il y a de défectueux dans ses dispositions ou dans ses actions. La question touchant la sagesse et la bonté de la Providence consiste à savoir jusqu'à quel point on peut reconnaître l'existence d'une règle morale dans l'ordre actuel des choses ; si elle suffit, dans cet ordre de choses, pour conduire l'intelligence au discernement du bien et du mal, et si les avertissemens de la morale suffisent pour nous apprendre ce qu'il faut choisir, et ceux de nos penchans qu'il faut combattre.

Nous répondrons affirmativement à ces questions. Une première notion peut être erronée, mais plus d'expérience nous conduit à la vérité. Les conséquences de l'erreur et de la folie sont souvent désastreuses, et toujours désagréables. Le sentiment intérieur du mal moral est toujours accompagné de remords, de honte et de désespoir ; celui de la probité et de l'innocence est suivi de sentimens entièrement opposés : tellement que le témoignage de la conscience, que l'on a appelé emphatiquement *la lampe de Dieu dans l'âme de l'homme*, prouve évidemment la présence du Créateur, qui dispense la lumière, et veille au maintien de la règle, tant qu'elle est nécessaire à l'instruction et à la conduite des agens volontaires.

L'homme est entré dans une carrière où il ne doit attribuer qu'à lui-même le bien et le mal auxquels sa nature est exposée. Il est susceptible d'un perfectionnement illimité, dès qu'il est une fois engagé dans la route de l'expérience et de l'instruction, qui lui permet d'envisager de loin le but. Ses dispositions rendent son amitié agréable à ses semblables, qui souffrent de son inimitié et de sa méchanceté : il a un sentiment pénible de ses défauts ; mais il satisfait sa conscience et mérite sa propre approbation quand il arrive à quelque chose de bien. L'expérience le force donc à avancer vers le perfectionnement ; et nonobstant les imperfections qu'il conserve dans un point quelconque de sa marche, il ne faut pas le considérer comme une imperfection, mais comme une beauté dans le système de la nature, et penser que dans l'échelle des êtres il jouit du plus haut degré d'excellence dont la nature créée soit susceptible.

L'homme, dans cette marche continuelle, acquiert beaucoup à chaque pas qu'il fait du berceau vers la tombe ; et ces progrès donnent à penser que ce qu'il a acquis dans une succession de temps, manquait à ceux qui l'ont précédé. La juste connaissance des choses, la résolution et la force de l'esprit qu'on acquiert dans l'âge mûr, manquaient à l'enfance et à la jeunesse. L'enfance et la jeunesse ont aussi leurs avantages ; et il faut estimer le tout, non d'après les acquisitions simultanées d'un point particulier du temps, mais d'après l'aspect général d'une nature faite pour s'avancer et se perfectionner elle-même. Nous voyons d'avance, dans les semences du chêne et du pin, l'ornement futur des forêts ; et nous estimons le germe d'une plante, non pour la graine, mais pour la forme qu'elle est destinée à offrir dans sa maturité.

La chose créée ne peut jamais égaler son créateur, et sa plus haute perfection est encore imparfaite. Relativement aux êtres dont nous parlons, l'état le moins imparfait est la plus grande perfection. Une imperfection qui va toujours diminuant, peut être regardée comme la perfection de la nature créée. Aucune mesure fixe ou déterminée ne peut l'égaler; car dans le cours de ses progrès, elle doit surpasser indéfiniment toute excellence finie, qui est fixe et stationnaire. Comme elle s'approche continuellement de la perfection infinie de ce qui est éternel, on peut la comparer à cette courbe décrite par les géomètres, qui s'approche continuellement d'une ligne droite, sans pouvoir jamais l'atteindre.

Dans cette marche d'une étendue illimitée, les différens degrés successifs, même les plus avancés, ont leurs défauts et leurs imperfections. A son point de départ, l'être intelligent, quoique destiné à savoir, doit non-seulement commencer par ignorer, mais encore, pendant qu'il s'instruit, il est exposé à l'erreur. A tous les points de sa marche, de fausses idées du bien peuvent le conduire au vice, à l'animosité, aux querelles et à la méchanceté; mais ces maux portent leur remède avec eux. Le plus grand réprouvé s'éveillant du rêve de son iniquité, s'étonne d'avoir erré si long-temps. On aurait tort de dire que dans ces progrès de l'être intelligent, dont l'homme offre l'exemple, le bonheur du temps présent est sacrifié à l'espoir des acquisitions qu'on peut faire dans l'avenir; l'enfance à ses plaisirs, ainsi que la jeunesse, et l'âge viril.

Il n'est d'aucune nécessité que l'homme abandonne le bonheur de son état actuel pour obtenir celui d'un état futur; et, à moins que l'envie, la malice, ou la jalousie ne corrompent les caractères, je crois que le commun des hommes goûte encore des momens heureux, même au milieu des maux dont il se plaint.

Le bonheur de l'homme supérieur n'est pas mesuré sur ses possessions extérieures, mais sur l'emploi et l'exercice de ses facultés; il n'est pas mesuré sur l'exemption des difficultés ou des dangers, mais sur la magnanimité et le courage de ses actions; il n'est pas mesuré sur les bienfaits qu'il reçoit, mais sur ceux qu'il accorde, ou plutôt sur la bonté et la bienveillance qui porte la personne qui oblige ou celle qui est obligée, à aimer ses semblables et à reconnaître leurs vertus. Tout en se plaignant de son sort, l'homme n'est pas malheureux: ses plaintes ne sont que les marques d'un esprit engagé dans des recherches, objet de tous ses désirs, et dont il n'a pas encore atteint le terme. Si les occupations et les inquiétudes prescrites par la nécessité viennent à cesser, il se crée lui-même une marche où il pourra trouver troubles, dangers et difficultés.

Le vulgaire dit que les riches et les puissans de la terre vivent heureux et exempts d'inquiétude, que leurs plaisirs viennent naturellement et sans peine; mais quels sont les grands objets d'ambition auxquels l'homme riche et puissant aspire? Ne se trouve-t-il pas dans des situations périlleuses, en s'appliquant continuellement aux affaires difficiles de l'état, ou en s'exposant fréquemment aux dangers de la guerre? Qu'est-ce que l'homme oisif inventera pour remplir le vide d'affaires réelles où il est? Il ne choisira pas un lit de repos, ou une suite de plaisirs languissans : il imaginera au contraire des jeux qui lui donnent à travailler, et ils sont souvent aussi pénibles que l'ouvrage que l'indigent recommence sans cesse pour gagner sa vie; il s'exposera à des dangers non moins réels que ceux qui accompagnent les circonstances les plus périlleuses de la vie humaine.

Dans l'intervalle des affaires, dans l'absence de tant de dangers, voyons ce que l'homme oisif imagine pour son amusement : c'est une application intense et sérieuse, un état incertain entre la bonne et la mauvaise fortune, entre le gain et la perte. En travaillant ardemment à acquérir l'un et à éviter l'autre, il appelle l'un un bien, et l'autre un mal : il s'est exposé volontairement à la chance du bien et du mal. Le gain le réjouit, la perte excite ses plaintes; mais il est toujours libre de courir la chance qui l'expose à l'un ou à l'autre. Ce jeu lui paraît un passe-temps convenable; et quoiqu'il se plaigne de la fortune quand elle est contraire, il n'est pas assez insensé pour reprocher à l'inventeur du jeu d'avoir admis la possibilité de la bonne et de la mauvaise fortune.

La passion qui nous porte à ce jeu est comparativement basse et indigne; mais le jour qu'il jette sur la condition de l'homme vient à propos pour justifier nos derniers mots, c'est-à-dire que, dans le jeu de la vie humaine, l'inventeur a bien su comment accommoder les joueurs.

Si l'homme est un acteur digne de cet ordre de choses, la scène est disposée pour le rôle qu'il y doit jouer : c'est de sa position et de l'aspect général des choses, que nous oserons conclure, avec Epictète, que tout être doué d'intelligence et d'un cœur reconnaissant, peut trouver assez de preuves dans chaque circonstance ou événement de l'ordre de la nature pour proclamer la sagesse et la bonté suprême de Dieu.

FIN DE LA PREMIÈRE LIVRAISON.

AVIS.

LA SECONDE LIVRAISON TRAITERA :

CHAPITRE III.

DE LA JURISPRUDENCE CONSIDÉRÉE COMME MOYEN DE DÉFENSE POUR L'HOMME.

SECTION I. Des moyens qu'on peut opposer à l'injustice en général.

SECT. II. De la loi de la défense pour les étrangers, les individus, etc.

SECT. III. Du cas des concitoyens.

SECT. IV. Du cas des nations.

SECT. V. Continuation du même sujet.

CHAPITRE IV.

DE L'ACTION MORALE ET DES MARQUES D'UNE VIE VERTUEUSE ET HEUREUSE.

SECT. I. De la vertu, distinguée des effets de la loi coercitive.

SECT. II. Des occasions et des caractères de l'action humaine en général.

SECT. III. Caractère de la prudence.

SECT. IV. Caractère de la bonté ou de la justice.

SECT. V. Caractère de la tempérance.

SECT. VI. Caractère du courage.

SECT. VII. Observations.

CHAPITRE V.

POLITIQUE.

SECT. I. Introduction.

SECT. II. Du peuple considéré sous le rapport du nombre.

FIN.

DE L'IMPRIMERIE DE MOREAU, RUE COQUILLIÈRE.

www.ingramcontent.com/pod-product-compliance
Ingram Content Group UK Ltd.
Pitfield, Milton Keynes, MK11 3LW, UK
UKHW012216240726
13966UKWH00003B/791